유치원,
무엇이든
물어보세요

챗GPT보다 정확하고 명쾌하다!

유치원, 무엇이든 물어보세요

교사크리에이터협회 유아교육팀 지음

다봄교육

프롤로그
유치원은 학교입니다!

　유치원은 우리 아이가 태어나 처음으로 가는 교육기관입니다. 아마 보호자도 처음 찾아보게 될 교육기관이죠. 인터넷 검색창에 무엇부터 입력해야 할지 막막할지도 모릅니다. 걱정마세요! 누구보다 잘 알고 있는 사람들이 여기 있답니다.

　유아교육의 어벤저스라고 자부하는 교사크리에이터협회가 있습니다. 전국 각지의 베테랑 유치원 교사들이 활동하고 있는 협회, 그중에서도 유아교육팀의 열두 명이 퇴근 후에 짬짬이 힘을 합쳐 첫 집필을 마쳤습니다. 바로 그 글들을 모아 현실을 충실히 반영한 유치원 가이드북 《유치원, 무엇이든 물어보세요》를 펴냈습니다.

　'유치원에 이런 질문까지 해도 되나?'

　유치원 문 앞에 서서 마음속으로 잠깐이나마 이런 혼잣말을 한 적이 있다면, 바로 이 책에서 답을 찾을 수 있습니다. 유치원 교육 현장에서 교사들이 숱하게 만나는 아이와 보호자들의 이야기, 그 질문과 고민들을 모으고, 그중에서도 가장 많이 궁금해하는 것들을 분야별·시기별로 나누어 묶어 보았습니다. 76개의 살아 있는 질문과 답을 통해 유치원 입학부터 졸업 후 초등학교 입학 준비 시 노하우까지 보호자에게 도움이 될 내용을 꾹꾹 눌러 담았습니다.

유치원 입학을 앞둔 가족과 보호자들이 궁금해하는 내용이라면 기초적인 의문도 그냥 지나치지 않았습니다. 교사와 함께 아이를 돌보며 점차 궁금해지는 교육 방식과 양육 기준에 대한 정보를 하나하나 구체적인 실천법과 같이 정리했습니다. 아이가 경험하는 첫 교육기관인 유치원에 입학하여 생활하고 졸업하기까지의 전 과정을 차근차근 보여 줍니다.

1장에는 유치원 입학 준비를 위해 보호자가 알아야 할 기관 구성에 대한 정보와 일정, 선택에 고려할 점을 정리했습니다. 교육비 결제 카드 만들기부터 쏟아지는 정보 중 무엇부터 선별해야 할지 등을 설명합니다. 2장에서는 유치원 적응기에 겪을 수 있는 다양한 에피소드를 중심으로 이야기합니다. 보호자가 적응 중인 아이를 어떻게 도와줘야 할지 알 수 있을 것입니다. 3장에서는 본격적으로 유치원 생활이 시작되면서 교육기관으로서 유치원에서 운영하는 고유의 프로그램과 그 교육적 배경에 대해 설명합니다. 노는 것이 왜 교육이고, 아이의 기질을 왜 이해해야 하는지 말합니다. 4장에서는 누구에게도 쉽게 물어보기 어려운, 우리 아이의 사회적 성장 과정 중 맞닥뜨리는 고민들에 대해 다룹니다. 또래 아이들과 다르거나 혹은 안 하던 말을 해서 걱정스러울 때 찾아보세요. 5장에서는 유치원이란 교육기관에 아이를 보낸 보호자의 역할 그리고 아이가 적응한 후에도 남는 고민들에 대한 시원한 답들을 제시합니다. 정기적인 교사 면담을 앞뒀을 때 긴장감을 풀어 줄 체크리스트와 특수교육이 필요한 아이의 부모로서 걱정이 생길 때 알아 두어야 할 정보를 모았습니다. 마지막으로 6장에서는 어느덧 유치원 졸업과 초등학교 입학을 앞둔 상태에서 필요한 준비에 대해 이야기합니다. 입학 전 한글 떼기에 대한 현직 교사의 생각과 방과후 과정의 구성도 소개합니다.

각 장에는 입학, 적응, 상담 준비 등 보호자가 꼼꼼하게 준비하고 효율적으로 고려할 수 있는 체크리스트를 수록했습니다. 보호자와 아이의 안정적이고 편안한 유치원 생활을 위해 활용하면 좋겠습니다. 유아교육 전문가, 현직 유치원 교사들이 직접 만든 체크리스트이므로 신뢰할 만한 자료입니다.

내 아이의 일이 되면 어떤 질문도 사소하지 않습니다. 아이와 보호자가 새로운 기관을 만나 적응하는 과정에서 생기는 의문은 가족 모두를 성장시킵니다. 교사에게도 자신의 반 제자가 하루하루 성장하는 모습은 교육자로서 느끼는 가장 큰 보람일 것입니다.

이 책을 통해 저희들이 전하고 싶은 메시지가 있습니다. 유치원은 우리 아이들이 자라나는 '학교'라는 것입니다. 갈등과 어려움은 유치원 일과에 항상 존재하며, 이것은 우리 아이가 성장하는 데 자양분이 됩니다. 교육기본법과 유아교육법에 의거하여 유치원은 학교로 규정되어 있습니다. 초·중·고등학교와 달리 학습 이전에 전인적 성장 발달을 돕는 특별한 학교입니다. 유아도, 보호자도 모두 첫 학교인 유치원에서 유아교육 전문가인 교사를 믿고 함께 한 방향을 향해 나아가기를 바랍니다.

이 시간에도 우리 아이들의 건강하고 즐거운 유치원 생활을 위해 끝없이 생각하는 보호자들과 가족들의 노력을 우리 교사크리에이터협회 유아교육팀이 늘 응원하겠습니다.

교사크리에이터협회 유아교육팀
오은진, 금선우, 박진옥, 송만복, 이다은, 김예슬,
김초롱, 박밝음, 오정옥, 최진선, 이보람, 김희정

목 차

프롤로그: 유치원은 학교입니다! 4

Chapter 1

유치원 선택과 시작, 입학 준비하기

Q 01. 유치원에 입학하려면 무엇부터 알아봐야 하나요? 18

Q 02. 맘 카페 말고 믿을 만한 정보를 얻을 곳은 없을까요? 20

Q 03. 재학생 수가 많은 곳과 적은 곳, 어디가 좋을까요? 26

Q 04. 유치원 후보 중에 '1학급 유치원'이 있는데 규모가 작아서 걱정이에요 30

Q 05. 연령이 섞인 혼합 학급에 보내면 치이지 않을까 걱정이에요 33

Q 06. 집에서 가까운 유치원 vs. 멀지만 마음에 드는 유치원, 어디로 갈까요? 36

Q 07. 유치원 교실을 미리 볼 수 있을까요? 39

Q 08. 희망 1순위 유치원에서 대기 순번을 받았어요. 기다리면 될까요? 41

Q 09. 유치원을 한 곳만 다니면 아이가 지루해하지 않을까요? 43

Q 10. 입학 전 오리엔테이션에 간다면 무엇을 확인해야 할까요? 45

Q 11. 유치원에서 유아 학비 카드가 필요하대요. 어디에서 신청하나요? 47

Q 12. 입학 결정 후 교육과정 설명회에서는 어떤 이야기를 듣나요? 50

Chapter 2

유치원 적응기

Q 13. 유치원에 적응하는 데 얼마나 걸릴까요? 어려워하면 어떻게 도와줘야 하나요?　54

Q 14. 유치원 입학 전에 다녔던 어린이집에 다시 가고 싶대요　59

Q 15. 아침마다 유치원에 안 간다고 울어요　63

Q 16. 아이가 아침에 일어나기 힘들어하는데 조금 늦게 가도 될까요?　66

Q 17. 친했던 친구랑 다른 반이 되었다고 속상해해요　68

Q 18. 아이가 자꾸 작년 담임 교사 얘기만 해요　70

Q 19. 우리 아이랑 자주 다투는 친구가 있는 것 같아요　73

Q 20. 유치원 장난감을 집으로 가지고 와요. 또 좋아하는 장난감을 유치원에 가져가려 할 때도 있어요　77

Q 21. 통학 차량에 유아 전용 카시트가 있나요? 안전사고가 걱정돼요　80

Q 22. 아직도 기저귀를 차요. 똥을 누고 혼자 닦지 못하는데 유치원에서 배변 훈련을 시켜 주나요?　85

Chapter 3

유치원의
하루

Q 23. 유치원의 일과가 궁금해요 96

Q 24. 놀이 중심 교육과정이 뭔가요? 놀면서 어떻게 배울 수 있나요? 101

Q 25. 현장 체험학습의 장소와 주제는 어떻게 정하나요? 110

Q 26. 유치원에서 태블릿 같은 디지털 기기를 사용하지 않았으면 좋겠어요 113

Q 27. 유치원생인데 디지털 콘텐츠 활용이 효과가 있을까요? 118

Q 28. 학예회 같은 유치원 행사에 꼭 참여해야 하나요? 126

Q 29. 간식과 급식은 무엇이 다른가요? 129

Q 30. 유치원에서 한글도 가르치나요? 133

Q 31. 퇴근 시간이 6시인데, 어린이집처럼 저녁까지 돌봐 주는 곳이 있나요? 138

Q 32. 맞벌이 가정만 방과후 과정을 신청할 수 있나요? 140

Q 33. 특성화 프로그램이 어떻게 운영되는지 궁금해요 143

Q 34. 유치원마다 방학 기간이 다른가요? 147

Chapter 4

유치원에서의 배움

Q 35. 만날 같은 그림책만 읽는데 괜찮을까요? 152

Q 36. 자신이 없는 활동을 빨리 포기해요 157

Q 37. 자기의 생각과 감정을 말하지 못해요 161

Q 38. 우리 아이가 친구를 따돌리고 못된 말을 해요 166

Q 39. 아이가 거짓말을 해요 170

Q 40. 아이가 자위를 하는 것 같아요 173

Q 41. 유치원에서 똥 누고 싶어도 참은 채 집에 와요 177

Q 42. 집에서 쓰지 않는 나쁜 말을 배워 왔어요 180

Q 43. 아이가 감기 기운이 있어요. 컨디션이 안 좋은데 유치원에 보내야 할까요? 183

Q 44. 정리정돈 안 하는 아이, 어떻게 가르쳐야 할까요? 188

Q 45. 높임말 쓰는 것을 어려워해요 192

Chapter 5

유치원에 가는 엄마와 아빠

Q 46. 선생님이 우리 아이를 예뻐하지 않는 것 같아서 속상해요 196

Q 47. 활동 사진에서 우리 아이가 잘 안 보여요 199

Q 48. 학부모 참여 수업 때 보니까 우리 아이가 산만해요 201

Q 49. 유치원 친구들과 잘 어울리지 못하는 것 같아요 204

Q 50. 동생이 태어나서 스트레스를 받는 것 같아요 208

Q 51. 유치원에서 초등학교 입학 전까지 한글이랑 수학을 다 가르쳐 주나요? 211

Q 52. 담임이 남자 교사예요 215

Q 53. 학부모 운영위원회에 참여하고 싶어요 218

Q 54. 우리 아이가 친구를 때렸다는 전화를 받았는데, 어떻게 대처하면 좋을까요? 220

Q 55. 유치원에서도 CCTV를 열람할 수 있나요? 223

Q 56. 유치원을 옮기고 싶어요. 전학은 어떻게 하죠? 226

Q 57. 출석 일수가 중요한가요? 결석은 어떻게 해야 하죠? 232

Q 58. 대면 상담을 위해 알아 둘 체크리스트나 에티켓이 있나요? 235

Q 59. 말이 또래보다 조금 느린 것 같아 걱정이에요 239

Q 60. 특정 발음만 안 되는데 집에서 교정할 수 있을까요? 246

Q 61. 잠시도 가만히 못 있는 우리 아이, ADHD일까요? 250

Q 62. 조금 느린 우리 아이, 저는 더 기다려 보고 싶은데 교사가 자꾸 특수교육 대상자 신청을 권해요 253

Q 63. 아이가 장애가 있지만, 비장애 아이들과 한 반이면 좋겠어요 256

Q 64. 유치원에서 만난 특수교육 대상 유아의 행동을 따라 해요 259

Q 65. 통합 학급이 비장애 아동에게 어떤 교육적 효과가 있나요? 262

Q 66. 특수교육 대상자로 선정되면 어떤 점이 좋나요? 265

Chapter 6

유치원 졸업과 초등학교 입학

Q 67. 입학하기 전에 꼭 가르쳐야 할 것은 무엇인가요? 272

Q 68. 아이가 수업 시간에 화장실에 가고 싶으면 어떻게 하죠? 276

Q 69. 초등학교 입학 전에 한글을 완벽하게 떼야 할까요? 278

Q 70. 초등학교 입학 초기 아이들이 가장 힘들어하는 점은 무엇인가요? 282

Q 71. 초등학교 입학을 앞두고 불안해하고 가기 싫다는 아이, 어쩌면 좋을까요? 285

Q 72. 아이가 소심해요. 잘 적응할 수 있을까요? 288

Q 73. 1학년의 학기 초 하루 생활은 어떻게 되나요? 291

Q 74. 초등학교에서는 늘봄 학교와 늘봄 프로그램이 어떻게 운영되나요? 294

Q 75. 담임 교사에게 상담 전화를 해도 될까요? 296

Q 76. 초등학교 입학 때 꼭 필요한 물품은 무엇인가요? 300

에필로그: 유치원, 못다 한 이야기 302

Chapter 1

막연하게만 여겼던 유치원 입학.
아이가 만 2세가 되는 여름이면 슬슬 고민됩니다.
무엇부터 해야 할지, 누구에게 물어야 할지
막막하죠. 어린이집과 비슷하면서도 다른
유치원 입학 준비, 한번 알아볼까요?

유치원 선택과 시작, 입학 준비하기

Q 01. 유치원에 입학하려면 무엇부터 알아봐야 하나요?

자녀가 유치원에 입학하기 위해 꼭 알아야 하는 사이트가 있습니다. 바로 '유보통합포털(https://enter.childinfo.go.kr)'입니다. 유보통합포털은 이름 그대로 우리 아이들이 처음 다니게 될 학교인 '유치원'과 입학 방법을 안내하는 곳입니다. 2024년까지는 '처음학교로'라는 이름으로 운영됐는데, 겉보기는 조금 달라 보여도 기능은 같습니다. 이 사이트(앱)는 유치원 입학에 대한 전반적인 안내와 정보를 지원합니다. 유치원 입학을 결정했다면 휴대폰에 맞는 앱을 내려받거나 웹사이트로 접속해 가입한 후 살펴보세요.

매년 10월까지 사용안내서가 올라오고, 10월 중순(2025년 기준, 현재 사용안내서 pdf 업로드 중. 11월 초 유치원입학관리시스템 학부모 서비스 오픈 예정)에 유치원마다 다음 해 모집 요강이 업데이트됩니다. 보호자들은 11월 전까지 이 정보를 살펴본 뒤 나에게 맞는 유치원에 지원하면 됩니다. 시기는 비슷하지만 정확한 일정은 매년 달라지므로 육아 관련 뉴스나 앱 정보를 수시로 확인해야 합니다.

그래서 내게 잘 맞는 유치원을 찾아 미리 준비하는 것이 중요하죠. 정해진 모집 시기에 입학 설명회(오리엔테이션)를 하는 곳도 있고, 기존 원생의 형제, 자매를 우선 모집하는 곳도 있는 등 알아야 할 정보가 다양합니다. 유보통합포털에 미리미리 들러 우리 아이 입학 정보, 꼼꼼하게 파악하세요!

유보통합포털(유치원입학) 바로보기

Q 02. 맘 카페 말고 믿을 만한 정보를 얻을 곳은 없을까요?

'거기 방학 길던데요?'
'선생님들 너무 좋아요. 사진도 많이 찍어 주시고.'
'그 유치원은 시설도 크고 가족 참여 행사가 많아서 좋았어요.'
'잉? 저희는 그래서 부담스럽던데요. 우리 집은 할아버지, 할머니까지 모두 일하셔서 행사가 많으면 고민이에요.'

우리 아이 교육의 우선순위는 무엇일까요? 보호자가 육아와 교육 철학을 바로 세우는 것이 더욱 중요해진 요즘입니다. 요즘은 워낙 SNS가 발달하다 보니 전문가가 등장하는 매체 플랫폼이 아니더라도 같은 또래 아이를 키우는 지역주민이나 엄마들 대상의 카페 같은 온라인 커뮤니티 교류가 활발합니다. 그래서 아이 유치원 입학이나 전학을 고민할 때면 많은 예비 학부모들이 '맘 카페'나 유튜브, 인스타그램을 통해서 많은 정보를 얻죠.

운좋게 같은 관심사를 가진 이웃이 있거나 앞서 경험한 선배 보호자가 있다면 직접 들을 수도 있겠지만, 정작 우리 아이의 상황과는 또 다를 수 있지요. 그래서 이 수많은 정보 중 내가 원하는 사실만을 잘 골라 보기가 어렵고, 개인의 감정에 따른 평가가 있을 수 있니 걸러서 듣는 신중함도 필요하죠. 그럴 때는 조금 더 객관적이고 명확한 정보를 안내해 주는 사이트가 있으니 카페의 리뷰보다 이곳을 먼저 살펴보세요. 바로 유치원 알리미(https://e-childschoolinfo.moe.go.kr)입니다.

이곳에 접속하면 전국의 유치원, 어린이집 정보를 모두 확인할 수 있습니다. 예를 들어 유치원의 시설현황부터 운영 시간, 학생 나이별 운영 중인 반 개수, 현재 다니고 있는 아이는 몇 명인지, 교사의 수와 근속 연수, 안전점검 실시 일자, 급식 사고 여부와 처리현황, 유치원비, 회계사용 내역까지 모두 볼 수 있어요.

게다가 유치원 알리미에 **연간 교육과정 편성계획안**이 첨부되어 있어요. 올해의 유치원 연간행사나 현장 체험학습 내용도 살펴볼 수 있습니다. 이 정보는 매해 바뀔 수 있는데, 정보공시의 내용은 4월, 10월에 두 차례 업데이트되기 때문에 홈페이지와 함께 참고하시면 좋습니다. 이때 병설유치원의 경우 초등학교 홈페이지와 통합하여 운영하는 경우가 많으니 학교 홈페이지에서 유치원 탭을 찾아 접속하시면 됩니다.

유치원을 선택할 때 놓쳐서 안 될 것은 아이의 마음입니다. 보호자의 의견과 생각도 물론 중요하지만 우리 아이의 시선에서 살펴보고 입장에서 바라보는 것이 가장 첫 번째입니다.

이를 위해 유치원 입학 설명회나 기관을 방문할 때 아이와 함께 가면 더 좋습니다. 만약 형편상 보호자만 방문할 경우에는 동의를 구하고 사진을 찍거나 제공받은 자료를 아이와 함께 보며 이야기를 나누며, 유치원을 선택해 보세요.

유치원 알리미

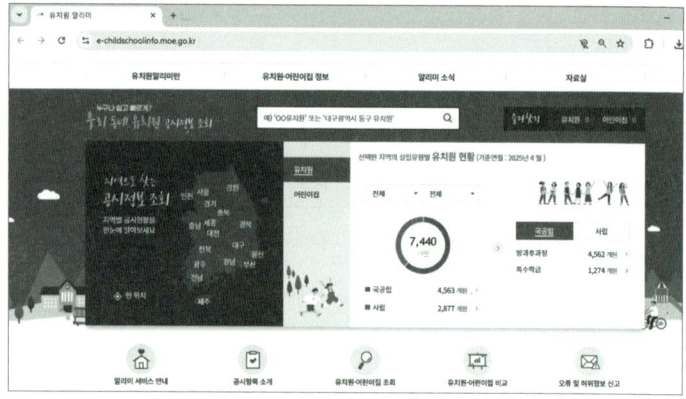

유치원 알리미 첫 화면

유치원·어린이집 조회 예시

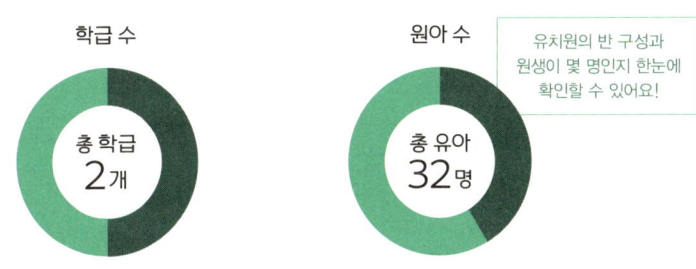

학급 수
총 학급 **2**개
- 만 5세반　　　1개　50%
- 혼합반 3~4세반　1개　50%

원아 수
총 유아 **32**명
- 만 5세반　　　13명　40.6%
- 혼합반 3~4세반　19명　59.4%

> 유치원의 반 구성과 원생이 몇 명인지 한눈에 확인할 수 있어요!

교사당/학급당 원아 수

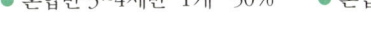

- 교사당 원아 수　8명
- 학급당 원아 수　16명

교사당 원아 수 = 원아 수 ÷ 교사 자격 수
학급당 원아 수 = 원아 수 ÷ 학급 수

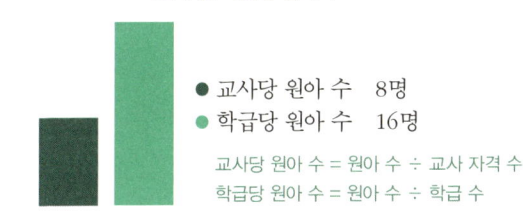

교사 자격
총 교사 **4**명
- 정교사 1급　2명　50%
- 정교사 2급　2명　50%

현 기관 근속 연수
2년 이상 **2**명
- 1년 미만　　　1명　25%
- 1~2년 미만　　1명　25%
- 2~4년 미만　　2명　50%

> 근무 교사 수와 근속 연수 등을 볼 수 있어요!

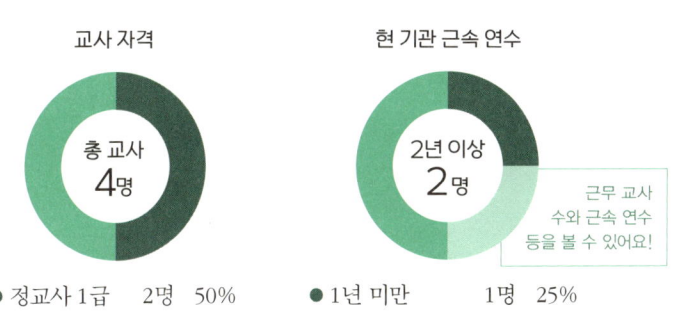

* 총 교사 수 = 교사 자격 수의 합계
* 현기관 근속 연수 = 수석교사, 보직교사, 교사, 특수교사,
　　　　　　　　　보건교사, 영양교사에 한함

유치원 선택 체크리스트

우리 교사들이 직접 준비한 리스트입니다. 유치원 선택 시 아이와 가족들이 함께 모여 체크해 보세요.

영역	No.	확인할 내용	YES	NO
유치원 운영 CHECK!	1	등원과 하원 시간이 우리 가정의 상황에 적절한가요?		
	2	방학 운영 기간은 적절한가요?		
	3	돌봄을 운영하나요? 신청대상 가능 여부와 운영 시간, 일정을 확인하세요!		
	4	유치원 학비와 방과후 특별활동비 등 부가적으로 드는 금액은 적절한가요?		
	5	등원과 하원 방법은 적절한가요? 집에서 유치원까지 이동하는 데 걸리는 시간과 통학 차량 이용 여부도 알아보세요.		
	6	원활한 교육활동이 이루어질 수 있는 인력이 충분한가요?		
	7	학부모와의 소통 방법은 적절한가요?		
	8	유치원으로서 위반 내용은 없나요? 유치원 알리미를 살펴봅니다.		

영역	No.	확인할 내용	YES	NO
유치원 환경 CHECK!	9	아이가 마음껏 뛰어놀 수 있는 바깥 공간이 있나요? 공간이 없다면 대안은 무엇이며, 그 방법이 적절한가요?		
	10	우리 아이가 흥미로워하는 환경인가요? 교실을 비롯해 유치원 주변 등 골고루 확인하세요. 실제로 방문해서 볼 수 있다면 더 좋아요!		
	11	교실 공간의 크기는 아이가 생활하기에 적절한가요?		
	12	화장실은 아이 혼자 가기 편한 곳에 있나요?		
	13	교실 이외의 특별활동실이 있나요?		
	14	급식실과 전문 영양사가 있나요?		
	15	학급의 정원이나 구성은 우리 아이의 성향과 잘 맞나요?		
교육활동 CHECK!	16	교육활동이 국가수준 교육과정(누리과정)에 부합하나요?		
	17	유치원의 교육철학이 나의 교육가치관에 부합하나요?		
	18	우리 아이의 성향과 흥미에 맞는 교육과정이 운영되나요?		
	19	특색교육이 일회성이 아닌 체계적으로 이루어져 있나요?		
	20	체험활동의 횟수나 내용은 적절한가요?		

Q 03. 재학생 수가 많은 곳과 적은 곳, 어디가 좋을까요?

재학생 수에 따라 다른 장단점을 먼저 따져 봅니다. **아이들의 수가 적은 유치원과 교실의 가장 큰 장점은 교사가 개별적인 관심을 줄 수 있는 빈도가 비교적 더 높다는 것입니다.** 교사가 각 아이에게 더 많은 시간을 할애할 수 있으니, 면밀한 관찰로 아이의 성향과 성장 정도를 파악하고 도울 수 있답니다. 또한 아이들이 정서적으로 더 큰 안정감을 느낄 수 있어요. 교사와 더 많은 소통으로 관계가 친밀해지고 편안하게 자신을 표현할 수 있지요. 이런 장점들이 아이들에게 자신감을 주고, 친구들과의 관계도 자연스레 깊어지겠죠.

하지만 몇 가지 단점도 있어요. 친구 수가 적다 보니 사회성 발달에 한계가 있을 수 있어요. 아이들이 많은 교실에서는 친구가 많은 만큼 다른 방식으로 친해지고 상호 작용의 기회가 다양하고 많겠지요. 상대적으로 아이들이 적은 교실에서는 다양한 친구들과 어울리는 기회가 줄어들 수밖에 없겠죠? 그래서 이 부분을 보완하기 위해 보호자의 관심이 필요하겠지요.

이제 아이들 수가 많은 교실을 살펴볼까요? **아이들이 많은 교실의 가장 큰 장점은 활발한 사회성 발달을 경험할 수 있다는 점이에요.** 여러 친구들과 함께 활동하면서 자연스럽게 사회적 기술을 배우고, 협력하는 방법을 경험하죠. 다양한 성향의 또래들과 소통하면서 배울 수 있는 기회도 더 많아요. 또한 여럿이 있을 때 하기 좋은 단체 활동과 프로그램을 함께 즐길 수 있어서 한층 풍부한 경험을 할 수 있지요.

동시에 이런 면도 있어요. 아무래도 교사 대 유아 비율이 높다 보니 교사와의 상호 작용과 개별 지원에 대한 기회가 상대적으로 적습니다. 교사와 1대1로 오랜 시간 대화하거나 시간을 보내기 어렵고, 교사 역시 아이들에게 즉각적인 도움을 제공하는데 한계가 있기도 해요. 아이 성향에 따라 다르지만, 어떤 아이들은 이런 상황에 소외감을 느낄 수 있고요. 또 교실이 붐비면 갈등의 빈도가 높아지거나 집중하기 어려운 환경이 될 수 있다는 점도 고려해야 해요.

학급 인원수를 비롯해 외적인 환경 조건 등 아이마다 성향과 필요가 모두 다르기 때문에 보호자는 다양한 요소들을 잘 고려해야 합니다. 어떤 선택이 더 좋을지는 결국 평소 파악하고 있는 내 아이의 특징과 바람에 따라 달라질 거예요. 아이가 더 많은 친구들과 교류하길 바라고, 사회성을 키우는 것이 중요하다면 재학생 수가 많은 곳이 좋을 거예요. 반대로 개별적인 관심과 정서적인 지지를 원한다면 재학생 수가 적은 교실이 더 적합할 수 있겠죠.

보호자가 아이의 성향을 고민해 보고 어떤 학급 환경이 더 도움이 될지 생각해 볼 수 있도록 몇 가지 팁을 더 드릴게요.

우리 아이의 성격은?

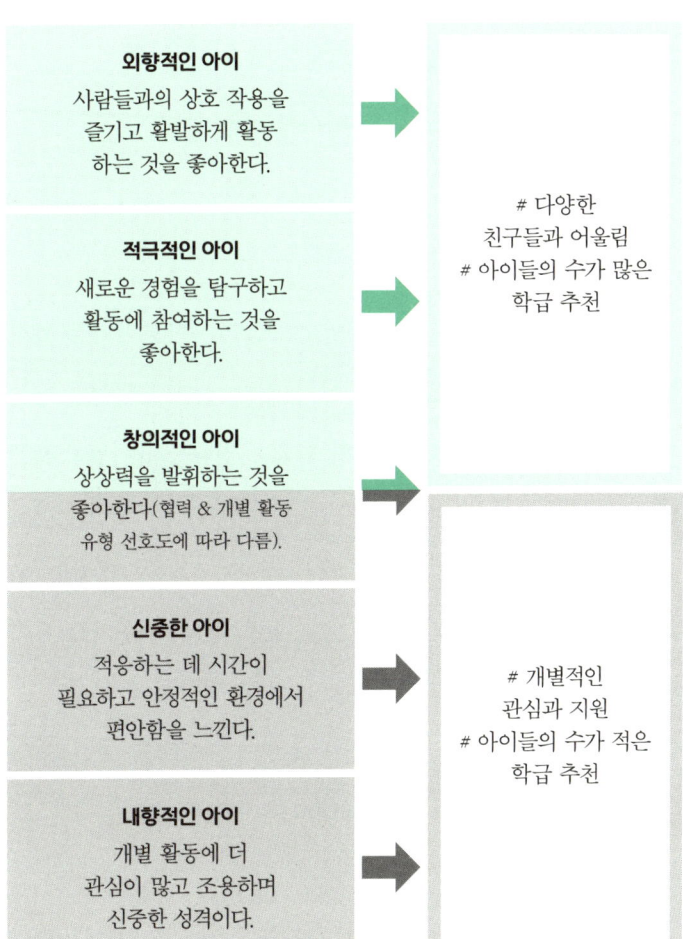

Q 04. 유치원 후보 중에 '1학급 유치원'이 있는데 규모가 작아서 걱정이에요

'한(1) 학급 유치원'은 보통 인구가 많은 수도권이나 광역시보다는 지방에 많은 병설유치원에서 볼 수 있습니다. 일반 병설유치원과 마찬가지로 초등학교와 함께 운영되는 유치원이고요. 한 학급 병설유치원만의 특별한 점은 같이 운영되는 초등학교도 한두 학급으로 규모가 크지 않은 경우가 많다는 거예요. 물론 경우에 따라 조금씩 다르겠지만, 일반 병설유치원처럼 유치원-초등학교 연계 교육이 자연스럽게 더 밀착하여 이뤄질 수 있어요. 예를 들어 운동회를 같이 하면서 초등학교 형님, 누나들이 유치원 동생들의 달리기 대회를 도와주기도 합니다. 또 도서관이나 체육관 같은 교내시설을 함께 쓰면서 초등학교 환경에 자연스럽게 익숙해질 수 있는 기회를 갖기도 해요. 이러한 경험들은 훗날 아이들이 같은 초등학교로 진학할 때 더 수월하게 적응할 수 있도록 도와주지요.

한 학급 병설유치원에서는 한 명의 교사가 입학부터 졸업까지 함께할 수도 있다는 점도 매우 특별합니다. 이렇게 오랜 기간 한 명의 교사와 함께 생활할 때 얻는 장점은 서로에 대한 신뢰와 안정감이 깊다는 것이지요. 한 교사와 오랜 시간 동안 지내는 아이들은 교사를 더 편안히 느끼고, 매년 새로운 교사에게 적응하지 않아도 되니 새 학기를 시작하면서도 안정감을 가질 수 있답니다. 이런 환경은 아이들이 자신 있게 유치원 생활을 하는 데 정말 큰 도움이 됩니다. 이러한 경험은 성장과 발달에도 좋은 영향을 미치죠.

이 점은 교사에게도 매우 기쁘게 다가온답니다. 교사가 아이들을 오랫동안 관찰하고 파악할 환경이 되기에 아이들 각자의 성향과 필요를 잘 이해할 수 있습니다. 학생마다 맞춤형 지도를 할 수 있다는 점이 매우 큰 장점입니다. 또한 같은 교사가 지속적으로 지도하므로 일관된 교육 방식을 유지할 수 있어요. 교육의 목표가 일관되게 유지되고 아이들의 성장을 고려한 장기적인 교육으로 긍정적인 영향을 줄 수 있습니다. 하지만 공립유치원 교사는 한 유치원에 근무할 수 있는 기간이 정해져 있고, 원하면 다른 근무지로 이동할 수 있습니다. 따라서 우리 아이가 다니는 동안 교사가 바뀔 수도 있습니다.

이제 한 학급 유치원에서 아이들과 교사의 관계가 어떨지 상상되나요? 교사와 아이들의 유대감이 깊어지면 아이들은 더 자신감을 가지고 유치원 생활을 할 테고, 교사와 더 많은 생각을 공유하며 자신의 생각과 감정을 자유롭고 편하게 표현할 수 있어요. 이러한 장점은 보호자에게도 동일합니다. 교사 대 유아 비율이 낮은 편이기 때문에 보호자와 교사가 우리 아이의 발달 상황이나 교우관계에 대해 더 세밀하고 질 높은 소통을 할 수 있겠죠? 자연스럽게 교사와 대화도 잦아지면서 아이가 어떤 활동을 좋아하는지, 어떤 부분에서 어려움을 겪고 있는지, 필요한 경우 가정에서는 어떻게 도와줘야 하는지 함께 상의할 수 있어요. 이렇게 보호자도 유치원 교육과정에 적극적으로 참여하고, 아이의 유치원 생활에 긍정적인 기대와 많은 관심을 가질 수 있을 것이고요. 물론 **다(多)학급 유치원도 규모에 따른 장점이 있으므로 앞서 설명한 특징과 우리 아이의 성향을 고려해 유치원을 선택하세요!**

Q 05. 연령이 섞인 혼합 학급에 보내면 치이지 않을까 걱정이에요

혼합 학급(반)이란 두 연령 이상이 함께 지내는 반을 뜻합니다. 3세 반, 4세 반, 5세 반은 단일 연령 학급, 3~4세 반, 4~5세 반은 혼합 연령 학급이죠. 간혹 혼합 학급에서 근무하다 보면 보호자들에게 이런 질문을 많이 받습니다. "선생님, 교육과정도 시설도 모두 좋은데요. 아이가 형님들과 함께 있어서 혹시나 치이지 않을까 걱정돼요.", "같은 수업을 해도 받아들이는 데 차이가 분명 있을텐데, 괜찮나요?"

혼합 연령 학급에도 장점과 단점이 있습니다. **혼합 연령 학급의 가장 큰 장점은 '배려'를 배울 수 있다는 것입니다.** 외동 자녀가 많은 요즘, 형제자매 관계를 경험할 수 있답니다. 현장에서는 기관 내 연령이 높은 아이들을 형님(누나), 연령이 낮은 아이들을 동생이라고 부르며, 형님들이 동생들에게 양보하고 배려하는 법을 보여 주지요. 동생들도 훗날 형님이 되었을 때 자신이 받았던 배려를 그대로 실천하는 행동을 자연스럽게 몸으로 배우게 된답니다. 또 이 시기에는 연령에 따라 성인과 달리 발달 차이가 크기 때문에 형님들의 모습을 보고 관찰 학습, 즉 보고 바로 배웁니다.

그러면 이런 의문도 생기죠. 형님들이 동생들을 보고 더 아기 같은 퇴행 행동을 하지 않을까 말이죠. 배움의 가장 쉬운 방법은 가르침입니다. 누군가를 가르치면 빠르고 정확하게 배울 수 있어요. 형님들은 동생들을 도와주고 가르치는 협동 학습으로 더 잘 배운답니다. 그리고 연령 차이보다 더 큰 것이 '개인차'입니다. 연령은 높지만 발달이 느린 아이들은 연령이 같은 친구 뿐만 아니라 발달상 나와 비슷한 동생과 함께 배우고 놀이하면서 안정감을 느끼기도 해요. 이런 장점 때문에 해외에는 혼합 연령 학급으로 구성하는 것을 지향하는 기관도 있답니다.

그러나 상황적인 단점도 생각해 볼 필요가 있습니다. 일명 '과밀 학급'의 혼합 연령입니다. 흔히 말하는 과밀 학급은 법정 정원의 90% 이상 재원 중인 곳을 말하는데요, 이 경우 아이들이 자연스럽게 연령별로 나뉘어 노는 경우가 많아요. 놀이 상황만 놓고 보면 마치 교실 하나를 나눠 쓰는 두 학급처럼 보이기도 한답니다. 과밀 학급의 경우에는 혼합 연령의 장점이 극대화되기가 어려워요. 혼합 연령의 장점을 바라고 보내기에는 현실적으로 아쉬울 수 있습니다. 물론 유치원의 상황마다 환경마다 다르기 때문에 단정할 수 없어요. 가장 위험한 것이 성급한 일반화입니다. **혼합 연령은 무조건 이렇다, 한 학급 유치원은 무조건 이렇다는 식으로 타인의 개별적인 경험을 맹신하는 것을 주의해야 합니다.** 담임 교사와 학급 환경에 대해 상담하는 것이 가장 정확하다는 것을 절대 잊지 마세요!

Q 06. 집에서 가까운 유치원 vs. 멀지만 마음에 드는 유치원, 어디로 갈까요?

우리 아이가 다닐 유치원을 선택할 때, 아이의 성향과 가정의 상황 등을 잘 고려해야 하니 고민되는 것은 자연스러운 일이랍니다. 그래서 여러 요소를 종합적으로 살펴보아야 합니다. 이때, 중요한 것은 유치원의 특징을 '잘' 알아내는 것이겠지요. 우리 아이에게 맞는 부분과 보호자가 원하는 방향이 다를 수도 있거든요. 집과 가까운 유치원 그리고 거리는 멀지만 교육 프로그램과 시설이 마음에 드는 유치원에 대한 고민일 것입니다. 이때 고려할 점을 정리해 보겠습니다.

● **집에서 가까운 유치원**: 말 그대로 가장 큰 장점은 통학이 수월하다는 것입니다. 매일 아침 아이를 조금 더 여유로운 마음으로 데려다줄 수 있고, 날씨나 집안 어른들의 출퇴근 시간 등 가족 내 상황의 영향을 덜 받는 것도 장점이죠. 게다가 같

은 동네에서 자주 마주치는 친구들과 같은 반에서 관계를 맺고, 하원 후에도 그 친구들과 함께 놀 수 있는 점도 정말 좋아요. 하지만 가깝다고 무조건 좋을 수만은 없지요. 유치원의 운영 방식이 보호자의 교육관이나 우리 아이의 성향과 잘 맞지 않을 수도 있거든요. 예를 들면 집과 가장 가까운 유치원이 종교단체에서 운영하는 유치원이나 숲 유치원이라면 특별한 교육 프로그램과 환경이 부모님의 교육관에 맞지 않거나 우리 아이에게는 어려울 수 있으니까요.

- **멀지만 마음에 드는 유치원**: 멀지만 마음에 드는 유치원을 선택하는 가족들의 이유는 주로 우리 아이의 성향에 맞는 다양한 프로그램과 흥미, 재능에 맞는 교육을 받을 수 있는 기회가 많다고 판단했기 때문이에요. 이런 유치원은 아이의 만족도가 높고 개별 성향에 맞는 환경과 교육과정 덕분에 더 잘 몰입할 수 있답니다. 예를 들면 자연환경에 관심이 많은 아이는 숲 유치원에서 더 많은 것들을 즐겁게 경험할 수도 있겠죠. 종교재단에서 운영하는 곳이라면 특별한 행사로 또 다른 배움을 얻을 수 있어요. 설령 가족들이 같은 종교가 아니더라도 다채로운 프로그램을 경험할 수 있는 기회가 많아져서 사회성 발달에도 큰 도

움이 됩니다. 하지만 통학 시간이 길어지면 아이가 피로를 느낄 수 있고 보호자도 매일 긴 시간을 소모해야 하는 부담이 생길 수 있어요. 요즘은 집 앞까지 통학버스가 오는 경우가 많은데, 위치에 따라서 버스에 타고 있는 시간도 달라지니 이 부분을 고려해야 합니다. 아이가 아플 때 급히 데리러 가야 하는 때도 생각해야 하고요. **어떤 결정을 하든 아이가 행복하고 건강하게 생활할 수 있는 환경을 지원해 주는 것이 무엇보다 중요합니다.**

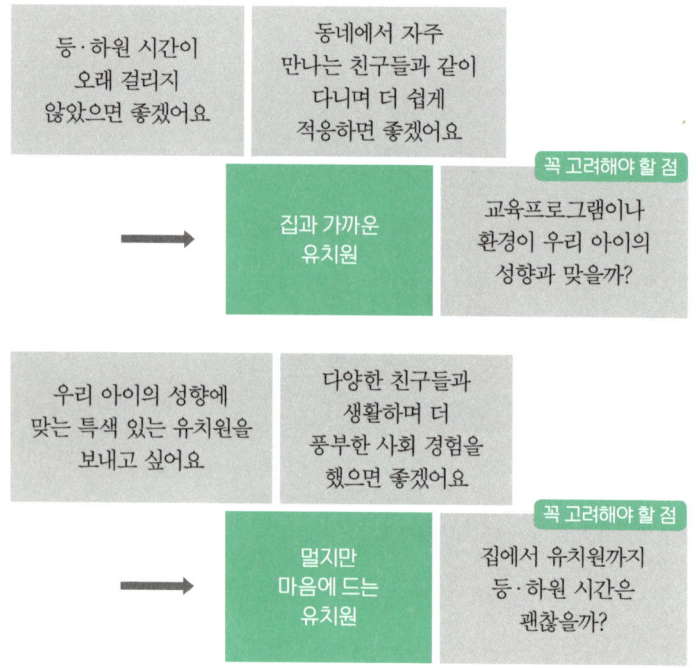

Q 07. 유치원 교실을 미리 볼 수 있을까요?

물론 미리 볼 수 있습니다. 유치원 시설을 미리 둘러보는 방법은 아래와 같습니다.

≡ 방문 상담 신청하기

방문을 원하는 유치원에 미리 전화해 주세요. 가능한 방문 날짜와 시간을 조율해 방문 상담을 신청하면 됩니다. 학기 중이거나 중도 입학이나 전학의 경우에는 방문하고 싶은 유치원에 현재 입학이 가능한지를 먼저 문의하고서 상담 시간을 잡으세요. 어느 시간대가 더 좋고 나쁜지는 유치원 운영 상황마다 다르니 콕 집어 정의할 수는 없어요. 아이들이 많은 오전에 둘러보라는 곳과 일과를 마치고 개별적 방문이 아닌 입학설명회 등 공식 행사기간에만 방문할 수 있는 곳도 있답니다.

≡ 입학 상담 기간 활용하기

매년 9월에서 10월이면, 많은 유치원에 입학 상담 기간을 둡니다. 이 시기 유치원에서는 예비 보호자들을 대상으로 기관을 개방하고 시설을 둘러보게 하니 미리 일정을 확인하세요.

≡ 입학(교육과정) 설명회 참석하기

일반적으로 유치원도 신입 유아 모집 시기에 맞춰 입학 설명회를 개최합니다. 보통 설명회 당일 유치원 시설도 보호자들이 견학할 수 있게 합니다. 유치원에는 아이가 주로 생활하는 교실뿐 아니라 급식실, 도서실, 유희실(강당) 등 다양한 공간들이 있어요. 여러 공간을 충분히 살펴보세요.

여기서 '보호자'란 아이를 돌보는 어른 모두를 포함합니다. 가족 중 누가 가든 상관없어요. 가능하다면 아이와 함께 미리 방문하는 것을 추천합니다. 아이도 앞으로 가야 할 유치원 분위기를 느껴 보고, 자신이 지낼 교실이나 시설을 경험하면서 호기심을 갖고 환경에 익숙해질 수 있답니다. 실내 공간뿐 아니라 건물 바깥이나 운동장을 함께 산책해 보거나 놀아 보는 경험을 해도 좋습니다. 훗날 입학했을 때, 긴장감도 줄어들고 유치원에 대한 기대감도 높아져 적응하는 데 도움이 될 수 있습니다.

Q 08. 희망 1순위 유치원에서 대기 순번을 받았어요. 기다리면 될까요?

많은 고민 끝에 유치원을 지원했는데, 그중 1순위 유치원에서 대기 순번이라니요! 당장은 아쉽지만, 방법을 찾아보죠. 우선 '유보통합포털(https://enter.childinfo.go.kr)'에서 지원한 유치원에 선발되면, 반드시 '등록 확정'을 해야 합니다. 보호자가 기입한 **유치원 원서 접수 정보를 확인한 뒤 '유치원 등록' 버튼을 클릭하면 됩니다.** 기간 내 등록을 확정하지 않을 경우, 다음 대기 순번의 아이에게 기회가 넘어갑니다. 또한 등록 확정 후에는 선발된 다른 유치원의 순번도 자동으로 사라집니다.

선착순이 아닌 추첨제로 유치원 입학이 결정되는 만큼 대기 순번을 받았다면, 앞 순번 아이가 등록을 포기할 때만 기회가 옵니다. 이렇게 자동으로 시스템이 갖춰져 있다 보니 대부분 해당 유치원에서 직접 연락해 주지 않아요. 그러니 보호자가 수시로 유치원 순번을 확인하는 것 외에는 사실상 방법이 없습니다.

등록 기간 내에 정원이 모두 모집되면 추가 입학은 어렵습니다. 유치원마다 정해진 내부 규칙에 따라 운영하고 있으니, 다소 번거롭더라도 우리 아이의 입학 준비 시기에는 수시로 입학 관리 시스템을 방문해 주세요. 원하는 유치원에 꼭 선발되길 교사들의 마음을 담아 기원합니다.

Q 09. 유치원을 한 곳만 다니면 아이가 지루해하지 않을까요?

   이 부분에 대한 염려는 내려놓으셔도 좋아요. **유치원은 유아의 개별성을 강조하는 유연한 놀이 중심, 유아 중심 교육과정을 운영하기 때문입니다. 만 3세부터 5세까지 연령별로 매년 교육과정을 새롭게 계획하고 학급별 교육과정을 운영하고 있습니다.**

   예를 들어 '계절'이라는 같은 주제라도 3세 때는 직접 몸으로 바뀐 날씨를 느끼는 시간이나 자연물 수집하기와 같은 인식 활동을 합니다. 4세 때는 자연의 변화를 관찰하고 기록하기와 같이 변화에 초점을 두고 활동하지요. 5세 때는 다른 계절과 비교하여 계절별 삶의 모습 이야기 나누기나 자연물로 세밀하게 예술 표현하기와 같이 수업 내용을 더 심화하고 확장하여 교육합니다. 더욱이 교사와 아이들이 매해 달라지기 때문에 반마다 서로 다른 교육과정을 운영하기도 하죠. 물론 유치원의 교육 철학에 따라 큰 틀이 만들어지고, 그 안에서 교육이 진행되다 보니 반복되는 것처럼 느껴질 수도 있어요. 하지만 **유치원에서는 대부분 연령별로 심화 확장될 수 있도록 운영하며, 매해 학급 교육과정을 새로 세우기 때문에 가정에 보내는 놀이 이야기나 월간 계획안 등을 참고하면 아이들이 어떻게 서로 다른 배움을 얻고 있는지 볼 수 있습니다.**

관점을 바꾸어, 아이가 지루해하는 모습이 없다면 새로운 것만을 생각하지 말고 기존 놀이에서 조금씩 방법을 더하여 경험해 나가는 방법도 생각해 보세요. 예를 들어 유치원에서 A라는 놀이를 하고 왔다면, 이 부분을 교사에게 물어 확실하게 파악한 뒤, 집에서는 A 놀이와 연결하고 응용할 만한 활동을 진행하는 것이죠. 아이는 이미 알고 있는 놀이와 집이라는 안정감 속에 도전하며 성장할 거예요.

한편, 아이가 지루해하는 모습을 보인다면 어떻게 할까요? 교사가 가정에서 아이의 모습을 전해 듣고, 이를 바탕으로 유치원에서 활동을 확장하는 방법도 있습니다. 가정에서 기차 타기와 같은 새로운 도전을 했다면 이를 유치원에서도 격려하고, 교사가 계획한 교육과정에 아이가 흥미로워하는 부분을 함께 논의하여 녹여 낼 수도 있습니다. 우리 모두가 함께 교육과정에 참여해야만 하는 것입니다.

Q 10. 입학 전 오리엔테이션에 간다면 무엇을 확인해야 할까요?

원하던 유치원에 선발되고 등록도 확정했나요? 그럼 유치원에 정식 입학하기 전 기준으로 설명해 보겠습니다. 우리 아이가 교육받을 유치원이니 기대와 설렘이 더해 궁금한 것도 늘겠지요? 유치원은 등록 확정 후에도 추가 모집 기간이 있어요. 그 기간이 끝나면 그때 유치원에서 연락이 올 거예요. 아이가 유치원에 잘 적응할 수 있도록 사전 설명회인 오리엔테이션을 열거나 입학 관련 안내 사항을 전달하기도 합니다. 그런데 모집 기간에 오리엔테이션을 한 경우에는 오리엔테이션을 생략하는 유치원도 있어요.

입학식 날짜를 원생 모집 후 바로 안내하지 못하는 경우도 많습니다. 입학식은 이듬해 학사일정에 대한 운영위원회 심의를 받아야 하기 때문이에요. 오리엔테이션은 입학 전 유치원의 교육철학 안내와 사전 수요조사 등을 목적으로 하고, 교육과정 설명회는 입학 후 확정된 교육과정에 대해 안내하기 위해 실시하니 그 차이를 알아 두세요. 유치원에 따라 둘 중 하나는 직접 참석하는 대면 행사로 진행하고, 그 밖의 안내 사항은 서면으로 안내하기도 합니다.

입학 전에는 유치원의 큰 틀에 대한 부분을 먼저 알아보세요. 즉, 작년 기준으로 입학하려는 유치원의 **교육 철학과 교육과정, 방과후 과정 운영 시간을 살펴봅니다.** 그리고 아이가 그 유치원에 적응하기 위해 도움을 줄 수 있는 부분들을 파악하기를 추천합니다. 아이에게 보호자가 유치원의 장점을 설명해 주고, 교실이나 건물 안팎의 놀이 공간을 함께 둘러보세요.

Q11. 유치원에서 유아 학비 카드가 필요하대요. 어디에서 신청하나요?

'유아 학비'란 우리나라에서 모든 유아들에게 고른 교육 기회를 제공하기 위해 나라에서 지원하는 제도예요. 국공립 유치원 및 사립유치원에서 유아 교육을 받는 대한민국 국적의 만 3~5세 유아를 대상으로 소득에 상관없이 모든 원아에게 초등학교 입학 직전 3년간 유아 학비를 전액 지원합니다. 단, 학원에 속하는 일명 영어 유치원이나 놀이학교는 지원 대상이 아니므로 사전에 등록한 통장으로 양육수당을 받습니다.

유아 학비 카드는 시중 은행에서 '국민행복카드(www.voucher.go.kr)'로 발급받을 수 있습니다. 이미 어린이집을 다니면서 유아 학비 카드를 통해 지원을 받았다면 따로 신청하지 않아도 되지만, 유아 학비 자격신청은 입학 전에 반드시 해야 합니다. 즉, 어린이집을 다녔거나 가정에서 시간을 보내는 동안 국가 보육료와 양육수당을 받았다면 가까운 읍·면·동 주민센터를 방문하거나 온라인 복지로 사이트(www.bokjiro.go.kr)에서 유아학비로 변경 신청하면 됩니다. 이후 유치원에 그 카드를 등록하면 정부로부터 유아 학비를 지원받을 수 있습니다.

국민행복카드

온라인 복지로 사이트

유아 학비 신청 방법

복지로 사이트 www.bokjiro.go.kr 접속 후 본인 인증하기

▶ 서비스신청 – 복지급여신청 메뉴 클릭

▶ 유아 학비(유치원)의 '신청하기' 버튼 클릭

▶ 저장 후 '다음' 버튼 클릭

▶ 개인정보 활용 동의 내용 확인 후 '동의' 또는 하단에 '개인정보 활용에 관한 전체 동의' 버튼 클릭

▶ '다음' 버튼 클릭

▶ 신청 전 유의사항 확인 후 '확인' 버튼 클릭

▶ 신청인 정보 클릭 후 '다음' 버튼 클릭

▶ 서비스 선택 항목 체크 후 '다음' 버튼 클릭

▶ 정보제공 동의 및 신청정보 체크 후 '제출하기' 버튼 클릭

▶ 서비스 신청이 완료되면 신청정보는 해당 지자체로 전송되어 접수 처리 완료

유아 학비 신청 및 지원에 대한 자세한 내용은 '유아학비지원시스템 e-유치원(www.childschool.go.kr)' 사이트에 안내되어 있으니 참고해 주세요.

Q 12. 입학 결정 후 교육과정 설명회에서는 어떤 이야기를 듣나요?

유치원에 대한 전반적 소개 및 안내를 위해 진행되는 오리엔테이션과 달리, 입학 이후 열리는 교육과정 설명회는 교육 부문에 초점을 맞춰 진행합니다. 특히 **설명회를 3월에 진행한다면 해당 연도의 입학식과 방학식은 물론, 현장 체험학습이나 참여 수업 등 중요한 프로그램이 운영위원회의 심의를 거쳐 수립된 상태라 더 구체적인 내용을 들을 수 있어요.**

첫째. 해당 연도의 교육과정 운영(철학) 및 연령별 교육 계획을 안내합니다. 이 내용을 통해 유아가 연령별로 어떠한 교육을 받는지 알 수 있습니다.

둘째. 연간 교육과정 및 방과후 운영 일수와 1일 운영 시간을 안내합니다. 이때 학사 일정 및 방학, 재량 휴업일 등도 포함되니 맞벌이 가족은 보호자 사이에 일정 조율을 위해 미리 파악할 것을 추천합니다. 이 부분은 교육과정 운영상 변경될 수도 있습니다.

셋째. 하루 동안 일과가 어떻게 운영되는지 알 수 있습니다. 유아가 교육과정 시간 및 방과후 과정 시간에 어떻게 규칙적으로 혹은 자율적으로 생활하는지 파악할 수 있습니다.

넷째. 통학 차량을 운행하는 곳이라면 이에 대한 안내가 이루어집니다. 통학 차량은 전체 유아의 안전과 직결되는 문제이고 교육지원청에 명확하게 보고해야 합니다. 그래서 아이가 타고 내릴 때 시간 엄수의 중요성과 약속 장소를 임의 변경할 수 없는 이유 등을 들을 수 있습니다.

다섯째. 유아의 학급을 안내하고 담임 교사 소개가 있습니다. 이와 동시에 학급별 간담회가 진행됩니다. 전체적인 설명회 진행 후 학급별로 따로 모여 교사와 다시 한번 인사를 나누고, 1년 동안 어떠한 교육 철학으로 학급을 운영할지 듣게 됩니다. 이 외에도 가정과 유치원 사이의 소통 방법(모바일 앱이나 학교종이 앱, 온라인 그룹메신저 등)과 학급별 자율성을 반영한 상세한 운영에 대해 질의 응답하는 시간도 마련됩니다.

Chapter 2

매일 아침 아이와 함께 등원하지만
같은 날이 하루도 없는 것 같아요.
어떤 날은 늦지만 않아도 다행이다 싶은데,
어떤 날은 친구들하고 잘 지내나 걱정도 되죠.
적응기에 필요한 아이의 용기와 어른들의 응원,
또 무엇이 필요할까요?

유치원 적응기

Q 13. 유치원에 적응하는 데 얼마나 걸릴까요? 어려워하면 어떻게 도와줘야 하나요?

보호자는 우리 아이가 혹시라도 잘 적응하지 못하면 어쩌나 걱정이 많습니다. 새로운 환경에 며칠 만에 바로 적응해 잘 지내는 친구가 있는 반면, 적응하는 데 수개월 이상이 필요한 친구도 있습니다. 다 큰 어른도 새로운 직장에 가면 사람마다 적응 시간이 다르듯이, 아이들도 기질이나 적응하는 능력 등에 따라 유치원에 적응하는 데 걸리는 시간이 저마다 다릅니다. 특별한 적응 시간이 정해져 있지 않다는 뜻이죠. **적응을 잘하고 잘 지내는 것같이 보이다가도 순간순간 새로운 환경을 거부하는 상황이 생길 수도 있거든요. 또 다니던 유치원이라고 해도 해가 바뀌고 새로운 반이 되면 적응하는 데 시간이 필요할 수도 있습니다.** 아이가 전과 다른 환경에서 새로운 누군가와 관계를 맺는 게 익숙하지 않기 때문이에요. 따라서 아이들이 힘들어하는 건 자연스러운 현상이고, 사회관계를 배우는 중이라는 것입니다.

다행인 건, 시간이 지날수록 적응하는 시간도 점차 줄어든다는 거예요. 그저 우리 아이를 믿고 기다려 주세요.

먼저, 새 학기가 시작되기 전 아이가 가게 될 새로운 기관이나 새로운 반에 대해 충분히 이야기를 나누면서 준비해 보세요. 어른도 아이도 함께, 마음부터 준비하면 두려움이 줄어들 겁니다. 또한 유치원을 다녀온 후에는 아이와 함께 하루에 단 10분이라도 이야기를 나눠 보세요. 새로운 반, 놀이터나 시설, 변화된 환경에 관심을 갖고 이야기해 보는 거예요. "오늘은 어떤 놀이 했어?", "어떤 반찬이 나왔어?" 등과 같이 일상적이고 구체적인 질문을 해 보는 겁니다. 그러면 아이가 낯선 곳에서 느꼈던 불편한 감정이 점차 사라질 거예요. 한편으로는, 적응하는 동안 새로운 환경에 대해 자기도 몰랐던 감정을 느낄 수 있기 때문에 안정감을 느낄 수 있도록 애착 인형처럼 평소 좋아하는 물건이나 가족사진을 가방에 넣어 줘도 좋아요. 또한, 아이의 불안한 감정에 대해 수용하되, 환경과 분리하여 객관적인 인식이 가능하도록 도와줍니다.

예를 들어 "선생님도, 친구들도 새로워서 낯선 감정을 느꼈구나. 누구나 처음에는 그럴 수 있어. 하지만 유치원은 ○○이가 즐겁고 행복하게 놀고 배울 수 있는 안전한 공간이야."라고 감정에 대한 정확한 인식, 그리고 환경과 분리하는 것이죠. 왜냐하면 아이들은 낯설고 불안한 감정을 처음 느끼거나 혼란스러워 자신의 감정과 환경을 엮어서 인식할 수 있기 때문이에요.

작년과 같은 어린이집이나 유치원이어도 새로운 반, 새로운 교사, 새로운 친구들까지, 이 모든 변화에 적응하기 위해서 우리 아이는 큰 용기가 필요합니다. 변화에 빠르게 적응하기를 바라는 건 어른만의 생각일지도 몰라요. 보호자의 조급한 마음을 아이가 느끼면, 적응하는 데 더 큰 어려움이 생길 수 있습니다. 시간이 걸리더라도 잘 적응할 수 있도록 돕고 기다려 주세요. 여유를 갖고 차분히 대하면 아이는 더 편히 느끼고 잘 적응할 수 있을 거예요. 아이와 하루 일과를 자연스럽게 이야기하세요. "엄마, 아빠도 처음 회사에 갈 때 힘들었는데, 우리 ○○이는 엄마, 아빠보다 더 씩씩하네." 같은 말로 아이가 잘하고 있는 면을 발견하고 꼭 칭찬해 주세요. 아이가 심리적 안정을 찾고 적응하는 데 많은 도움이 될 것입니다.

어른들도 유치원을 보내는 보호자로서 적응이 필요해요. 특히 아이가 새로운 환경에 적응하는 과정에서 중요한 것은 보호자의 차분하고 긍정적인 태도입니다. 아이를 내 눈앞에 보이지 않는 새로운 곳에 보내는 상황에 불안하고 막막한 감정을 느낄 수 있습니다. 그런데 그러한 불안감은 아이에게 그대로 전달될 수 있기 때문에 보호자가 먼저 마음을 다독이고, 아이가 유치원을 안전한 곳으로 느낄 수 있도록 도와야 합니다.

등원하며 헤어질 때 "○○야, 유치원에서 재미있게 놀다 와! 이따가 엄마가 데리러 올게.", "사랑해! 선생님이랑 친구들이랑 즐겁게 지내고, 우리 집에서 만나자." 등과 같이 짧고 확신에 찬 '이별 인사'를 해 주세요. 이런 인사는 아이가 유치원을 안전한 공간으로 인식하게 도와줍니다. 교사에 대한 신뢰감을 심어 주는 것도 중요합니다. 아이에게 수시로 "선생님이 너를 도와주실 거야."라고 말해 주세요. 보호자가 유치원에 가는 것에 대해 긍정적인 태도를 유지하면 아이는 더 쉽게 안정감을 느끼고, 그곳에서의 하루를 기대하게 됩니다. 평소 집에서 저녁 식사 때 아이의 유치원 생활에 관해 이야기를 나누면서 "오늘 유치원에서 가장 행복했던 순간은 언제야? 새롭게 배운 점이 있니?" 등 아이가 하루를 회상할 때 긍정적인 감정을 가지고 돌아볼 수 있도록 질문해 보세요. 새로운 환경에 적응하는 과정에서 성취감을 느끼도록 도와주는 것이 큰 도움이 될 것입니다.

학기 초에는 가정과 유치원이 함께 노력해서 아이가 안정적으로 적응할 수 있는 기반을 다져야 합니다. 먼저 아이에게 유치원의 하루 일과가 예측 가능하도록 안내합니다. 짧은 시계 바늘이 4시가 되면 보호자가 다시 데리러 온다는 보호자와의 공통된 안내가 필요합니다. 그리고 바깥놀이, 급식, 간식, 특별한 활동 등에 대해 이야기 나눕니다. 이러한 하루 일과에 대한 예측가능성은 안정감을 주며, 유치원 활동에 대해 기대하는 마음도 줍니다.

또한 비언어적, 언어적인 격려와 지지를 아낌없이 줍니다. "오늘 유치원에 오기가 힘들었구나, 엄마와 계속 함께하고 싶은 마음이 컸구나."처럼 아이의 상황과 감정에 공감하며 "○○이가 유치원에 와서 함께할 수 있어서 선생님과 친구들은 너무 기뻐."와 같은 격려를 합니다. 토닥임과 허그같은 비언어적인 방법을 사용하기도 하는데요. 때로는 또래의 위로로 더 큰 힘을 얻기도 하기 때문에 반 친구들에게 함께 위로해주자고 격려하기도 합니다.

한 아이는 엄마의 사진을 넣은 열쇠고리를 갖고 다니게 했어요. "가족이 보고 싶을 때는 사진을 보자. 가족이 너를 응원하고 계셔."라고 말해 주며 안정을 찾을 수 있게 했어요. 그렇게 마음을 달래더니 어느 순간, 열쇠고리를 교실 바닥에 둔 채 즐겁게 시간을 보내기 시작했죠. 아이의 적응을 돕기 위해서는 이처럼 아이의 상황에 맞는 세심한 접근과 지원이 매우 중요합니다.

Q 14. 유치원 입학 전에 다녔던 어린이집에 다시 가고 싶대요

 이런, 난감한 상황이네요. 사실 보호자도 주변을 새롭게 살펴서 어렵게 옮긴 것일 텐데 말이죠. 어른도 변화는 두렵고 원래 있던 곳을 편하게 느끼기 마련이잖아요? 아이들도 똑같은 생각을 하고 그렇게 느낀답니다.

 보통 만 3세가 됐을 때, 어린이집에서 유치원으로 옮기게 되는 경우가 많지요. 유치원 입학을 결정했다면 아이에게 먼저 이렇게 소개해 봅니다. "이제 유치원에 가면 재밌는 놀이를 더 많이 할 수 있어."라고요. 유치원에서 받은 연간 운영 프로그램을 보고 유치원의 눈에 띄는 교육과정을 소개해 주세요. 혹은 평소 아이 관심사에 따라 새로운 친구를 만날 수 있다는 기대감을 심어 줘도 좋고, 앞서 다녔던 어린이집과 비교하여 아이가 입학한 유치원의 장점들을 알려 주세요. 더 다양한 장난감이 많다, 시설의 규모가 크다 등 어른 눈에는 작아 보이더라도 아이 눈에는 다를 장점들을 하나씩 살려 이야기하면 어떨까요? 아이가 마음을 열고 스스로 생각해 볼 수 있을 것 같습니다.

가정마다 상황에 따라 다양한 이유가 있겠지만, 만약 보호자의 일방적인 판단으로 기관을 옮긴다면 아이는 갑작스러운 환경 변화에 당황스럽고 힘들 수 있습니다. 이때는 더 섬세한 배려가 필요하겠죠.

이사나 직장 이직 등 꼭 기관을 옮겨야 하는 경우 새로운 유치원에 갈 수밖에 없는 상황과 그 기관에 대한 긍정적인 부분을 사실에 근거하여 이야기해 주세요. "우리가 이사를 가게 되어서 ○○이가 다른 유치원에 가게 되었어. 새로운 유치원은 △△도 있고 ××도 할 수 있대." 이렇게요.

기관의 프로그램이나 교육관이 맞지 않아 필요에 따라 기관을 옮기게 된다면 꼭 아이와 미리 상의해 주세요. "지금 유치원 다니면서 힘든 점은 없어? 새로운 유치원에 가 보는 건 어때?" 편한 상황에서 여유롭게요. 만4~5세라면 자기의 생각을 이야기할 수도 있습니다. 아이의 의견을 참고하여 기관을 옮길 수 있겠지만, 아이가 기존 유치원이 좋다고 한다면 옮기지 않는 게 좋습니다. 프로그램이 좋다고 해서 그 기관이 더 좋다고 할 수 없어요. 아이가 금방 적응할 수 있는 것도 아니고, 적응한다 해도 즐겁게 다닐 수 있다는 보장이 없지요. 그래서 기관을 옮겼다가 다시 돌아오는 경우가 생길 수도 있습니다. 아무리 아이가 평소 외향적이고, 금방 적응하는 편이라 해도 새로운 환경에 적응하려면 시간이 필요하답니다. 아이가 이미 유치원에서 즐겁게 놀고, 잘 다니고 있다면 고민해 주세요. 보호자의 욕심 때문에 아이가 기관을 옮기고 적응하며 애쓰는 안타까운 상황이 생길 수 있다는 점을 생각해 주세요.

아이가 이미 졸업한 어린이집에 대해 말하는 경우는 크게 걱정하지 않아도 됩니다. 기관을 옮겨서 익숙하지 않고 새로운 환경이 낯설 때, 어린이집에서의 추억이 아이에게 좋은 경험으로 남아서 이야기하는 것일 수도 있거든요. 하지만 간혹 아이가 이전 기관을 찾는 특별한 이유가 있을 수도 있으니 아이와 함께 충분히 이야기해 보세요. 대화 후에도 해소가 안 된다면, 현재 다니고 있는 기관의 담임 교사와 요즘 아이가 어떻게 지내고 있는지 의논해 보아도 좋습니다.

아이와 처음에는 이렇게 말해 보세요. "○○이가 새로운 유치원이 낯설고 불안할 수 있어. 처음이라 그럴 수 있지만 용기를 낸다면 어린이집에서처럼 멋진 친구도 사귀고 재미있는 놀이도 많이 할 거야." **무조건 괜찮다고 하기보다는 아이가 불안한 마음**

을 표현하고 드러내며 잘 해결할 수 있도록 도와주세요. 이때 중요한 것은 아이가 새로운 환경에 적응할 수 있는 힘이 있다는 사실을 부모가 믿고 지지해 주는 것입니다. "네가 새로운 친구도 사귈 수 있을 거야.", "선생님이랑 함께하면 즐겁게 놀 수 있을 거야."와 같이 아이의 가능성을 긍정적으로 말해 주면, 아이는 부모가 자신을 믿고 있다는 확신을 얻고 스스로도 할 수 있다는 자신감을 키워 나갈 수 있을 거예요. 또한 현재 기관에서 있었던 행복한 기억을 많이 상기시키고 응원한다면, 아이는 기대감과 설렘을 가지고 새로운 기관에 적응할 거예요. 그럼에도 불구하고 기관을 옮겨야만 한다면 아이를 위해 학기 중에 옮기기보다는 1년 과정을 수료한 후 새 학기가 시작되는 3월에 맞춰 옮길 것을 추천합니다.

---

* **새로운 환경 적응에 도움이 되는 그림책**
《당근유치원》 안녕달, 창비
《엄마 유치원에 또 갈래요》 줄리엣 불라르, 주니어김영사
《유치원 처음 가는 날》 김영진, 길벗어린이

Q 15. 아침마다 유치원에 안 간다고 울어요

한두 번은 그럴 수 있지만 매일 그런다면 정말 난감하죠. 새로운 환경이 낯설어서 그럴 수도 있고, 별다른 이유 없이 가기 싫어서 그럴 수도 있어요. 우선 아이와 '왜 유치원에 가기 싫은지' 충분한 이야기를 나눠 보세요. 힘든 점은 없는지, 친구나 교사와의 관계가 어떤지 이야기를 듣고 공감해 주세요. 어디가 아프거나, 식사할 때 불편하지는 않은지, 배변 문제가 어려운지 등 불편한 상황이 실제로 있는 건지 아이의 말을 들어 주세요. 아이가 너무 울면 쉬게 할 수도 있겠지만, 특별한 이유가 없다면 결석을 자주 하는 건 아이에게 도움이 되지 않습니다.

신입생은 아직 보호자와 심리적으로 완전히 분리되지 않아 불안할 수 있습니다. 이럴 땐 이 마음을 이해해 주세요. 처음에는 유치원에서 오전 시간만 지내고 오다가 점차 점심까지 먹고 오고, 이후 재원 시간을 1시간씩 늘려 가며 아이가 유치원에 적응할 수 있도록 도와주세요.

아이들이 불안해하거나 울면 보호자의 마음이 약해지죠. 그래서 집으로 되돌아가려는 행동을 받아주는 경우가 종종 있습니다. 하지만 그럴수록 보호자는 덤덤하게 이야기해 주세요.

"우리 ○○이 엄마랑 떨어지는 게 무섭구나. 엄마가 보고 싶구나. 그럴 수 있어. 엄마도 우리 ○○이 너무 보고 싶지만, 엄마가 해야 할 일이 있어서 가야 해. 우리 ○○이가 유치원에서 친구들과 즐겁게 지내고 있으면 끝나는 시간에 맞춰 엄마가 늦지 않게 올게. ○○이 기다리고 있을게. 시계의 짧은 바늘이 5에 가면 엄마가 올 거야."

이렇게 말해 주면 아이는 정해진 시간에 엄마가 온다는 사실에 안도하고 유치원에 잘 적응할 수 있습니다. 또 가족사진을 가방에 넣어 주어 보호자가 보고 싶을 때 언제든 꺼내어 볼 수 있도록 해 주세요. 아이를 격려하고 도와주면 아이도 점차 익숙해집니다. 아침에 울면서 가기 싫다고 해도 막상 등원해 친구들과 즐겁게 잘 보내는 경우도 많습니다. 아이가 유치원에 가기 싫다고 운다고 해서 유치원을 싫어하는 것은 아닙니다. 등원이 힘든 것과 유치원이 싫은 것은 서로 다릅니다. 평소 아이가 아침에 너무 피곤하지 않도록 전날에 컨디션을 조절해 주고,

아이와 함께 등원을 준비하면서 기대감을 심어 주세요. 가정에서 현재 다니고 있는 기관이나 교사, 친구들에 대해 긍정적인 이야기를 많이 해 주는 것도 좋습니다. 그러다 보면 아침마다 아이가 즐겁게 씩씩하게 등원하는 날이 찾아온답니다.

이미 유치원에 잘 적응한 아이라면 하고 싶지 않아도 꼭 해야 하는 일이 있다는 점에 대해 이야기해 주세요. 아이가 어린이집이나 유치원에 가는 것이 자기 전에 양치질하거나 엄마 아빠가 일터로 출근해야 하는 것과 비슷하다고 말해 줍니다. 더불어 유치원에서의 생활을 담임 교사와 함께 살펴보며 결석이 잦지 않도록 신경 써 주세요.

Q 16. 아이가 아침에 일어나기 힘들어 하는데 조금 늦게 가도 될까요?

당장은 힘들어하더라도 유치원 등원 시간에 맞추어 가야 합니다. 유아기에 형성된 습관이 성인이 돼서도 유지될 가능성이 큽니다.

유아기는 전 생애를 아우르는 기초를 형성하는 시기입니다. 기본 생활 습관에 대한 중요성은 학자들이 계속해서 이야기해 왔습니다. 또 이 시기에 형성된 가치관과 지식은 살면서 맞이하는 여러 선택 과정에 영향을 미칠 수 있습니다.

유아기는 단순히 수면이나 식습관, 생활 리듬 같은 일상적인 습관이 형성되는 시기일 뿐만 아니라, 뇌 속에서 뉴런들이 활발히 연결되며 뇌의 회로가 빠르게 발달하는 아주 중요한 시기입니다. 이때 만들어진 생활 습관과 뇌 발달의 기초는 성인이 된 이후에도 큰 영향을 주며, 나중에 고치기는 쉽지 않습니다. 그래서 유아기에는 충분한 수면 시간을 확보하고 규칙적으로 잠자리에 들고 일어나는 습관이 자연스럽게 자리 잡을 수 있도록 도와주는 것이 무엇보다 중요합니다.

유치원 교육과정은 오전 8시 40분부터 시작합니다. 주요 프로그램이 오전 10시경에 시작하는 어린이집과 다릅니다. 행여 '아침에는 어차피 그냥 노니까 늦게 가도 되겠지.'라고 생각했다면, 이제는 등원 후 놀이부터 수업이 시작되고, 놀이 역시 중요한 교육이라는 점을 인식해 주세요.

아이들의 놀이는 사회의 작은 축소판입니다. 유아기는 사회에서 겪을 수 있는 상황을 즐기는 '사회극 놀이'를 하면서 '가작화'를 합니다. 가작화란 행동이나 사물, 상황을 상상해서 표현하는 인지 발달 과정을 말합니다. 가상의 역할을 말이나 행동으로 표현하거나, 사물의 본래 용도와 다르게 상상하거나 대체해 표현하기도 합니다. 행동이나 상황 자체를 상상만으로 표현하기도 하죠. 우리 아이들은 상상 놀이를 즐겨하며 사회에서 보고 듣고 배웠던 것들을 놀이 속으로 가져갑니다. 그렇게 만들어진 놀이 속에서 아이는 매일매일 작은 사회를 구성해 나가고 그러한 사회에서 자신의 가치관을 형성합니다. 또한 다른 사람들과 상호 작용을 하며 학습 기회를 만들면서 배웁니다. 이렇게 중요한 놀이를 매일 누린 아이와 그렇지 못한 아이의 발달 정도는 차이가 클 수밖에 없습니다.

Q 17. 친했던 친구랑 다른 반이 되었다고 속상해해요

일단, 우리 아이의 속상한 마음을 충분히 들어 주고 공감하는 게 중요합니다. 아이가 의지했던 친구만큼, 새로운 반에서 충분히 마음이 맞는 친구를 만나지 못해서 그럴 수 있습니다. 또 성향에 따라 새로운 친구와도 금방 이야기를 터놓는 아이가 있는가 하면, 새로운 친구를 사귀는 데 시간이 오래 걸리는 아이가 있습니다. 내가 먼저 다가가는 게 아무렇지 않은 아이도 있지만, 친구가 다가와 주기를 기다리는 친구도 있고요. 그러니 **아이의 기질을 먼저 아는 것이 중요합니다.**

아이에게 공감하며 새로운 친구와 관계를 맺을 수 있게 힘을 주세요. 예를 들면 "오늘 새로 만난 친구들 중에 친해지고 싶은 친구 있었어?", "그 친구랑 다음에 만나면 어떤 놀이를 하고 싶어? 엄마가 그 친구라고 생각하고, 같이 놀자고 말하는 연습을 해 볼까?" 등 새로운 친구와도 잘 지낼수 있을 거라고 기대하게 도와주세요.

친했던 친구와 따로 약속을 잡고 함께 시간을 보내는 방법도 있어요. 하지만 현재 반에서 친구를 만들 수 있게 돕는 것이 결과적으로는 아이에게 더 좋을 거예요. 지금 같은 반 친구 중에서 함께 놀고 싶은 친구들을 집으로 초대하거나, 하원 후 유치원 근처 동네 놀이터처럼 가까운 장소에서 함께 놀 수 있게 기회를 마련해 주는 것이죠. 이때 아이가 순응적이라면 놀이를 이끄는 적극적인 친구를, 아이가 놀이를 이끄는 것을 좋아한다면 자기 놀이에 잘 따르는 친구를 원할 수 있다는 것도 참고해 주세요.

아이들의 건강한 또래 관계 형성은 사회성 발달과 긴밀하게 연결되어 있어요. 유치원은 사회의 변화를 경험하는 공간입니다. 초등학교에 가서도 늘 내가 원하는 친구, 원하는 반이 될 수 없기 때문에 적응 능력을 기르는 배움의 기회라고 생각하며 격려해 주는 보호자의 안정감 있는 태도가 가장 중요합니다.

---

* **우리 아이 친구 사귀기에 도움이 되는 그림책**
《새 친구 사귀는 법》 다카이 요시카즈, 북뱅크
《진짜 진짜 멋진 친구》 이지, 페이퍼독
《어린이를 위한 마음 처방: 친구 편》 펠리시티 브룩스, 어스본코리아
《진짜 친구란 뭘까》 구닐라 베리스트룀, 다봄

Q 18. 아이가 자꾸 작년 담임 교사 얘기만 해요

교사와 유난히 정이 많이 들었던 것 같아요. 아이가 정이 많고 감정이 풍부한 편인 듯합니다. 좋아했던 교사를 그리워하는 마음은 자연스러운 일입니다. 아이들은 익숙한 사람과의 이별이나 관계 변화에 큰 감정을 느낍니다. 성장하는 과정에서 누구나 겪는 경험이고, 이러한 감정의 변화를 이해하고 수용하는 것이 아이의 사회성 발달에도 큰 도움이 됩니다.

저도 새로운 부임지에서 처음 만난 아이들이 지난해 자신들을 돌봤던 옆 반 교사와 친구들 이야기를 하면서 그 반에 가고 싶다고 말해서 고민했던 적이 있습니다. 돌아보면 같이 진급한 옆 반 교사는 오랫동안 유치원에서 근무한 교사였고 저는 새로 온 교사였기 때문에 아이들에게 어색하고 낯설었을 겁니다. 아이들이 익숙한 교사에게 마음이 가는 게 너무나 자연스러웠던 거죠. 그래서 이런 상황을 고려해 저는 아이들이 익숙한 친구나 교사와 함께하는 시간을 조금 더 늘려서 변화에 천천히 적응할 수 있도록 도와주었습니다. 옆 반 친구들과 함께하는 게임 활동이나 바깥놀이 시간을 마련해 아이들이 좀 더 편안하게 느낄 수 있는 환경을 만들었습니다. 그 과정에서 저 역시 반 아이들의 흥미와 관심사를 더 깊이 이해할 수 있었고, 저마다 다른 성향을 파악하는 데 큰 도움이 되었습니다. 1~2주가 지나자 아이들은 저와도 자연스럽게 관계를 형성했고, 새로운 반에 대한 소속감도 매우 강해졌습니다.

만약 아이가 집에서 비슷한 이야기를 자주 한다면 **새로운 교사와 바로 상담하지 말고 아이의 감정을 존중하면서도 새로운 환경에 대한 기대를 키워 주세요.** 예를 들어 "○○이가 예전 선생님이 친절하셔서 좋았다고 했지? 그러면 이번 선생님은 어떤 좋은 점이 있는지 유치원에서 자세히 살펴볼까? 새로운 선생님도 분명 보석처럼 반짝이는 면들이 있을 거야. 정말 기대되지?" 이렇게 말해 주면 아이는 새로운 환경에 대해 긍정적인 시각을 갖고, 교사와의 관계 형성도 더 빠르게 만들어질 수 있습니다. 그후로도 이야기를 계속 한다면 그때 상담을 청해 보세요. **아이와 나눈 대화를 바탕으로 교사와 상담한다면 아이의 감정 상태를 더 잘 이해하고 더 깊은 교감을 형성할 기회를 얻을 것입니다.**

어른들도 변화 속에서 좋은 경험을 했다는 이야기를 아이에게 들려주는 것이 중요합니다. 예를 들어 "엄마도 예전에 이사하고서 친구들과 떨어졌을 때 정말 슬펐는데, 새로운 곳에서 지금까지도 연락하며 지내는 좋은 친구를 사귀었어!"라고 이야기해 보세요. 아이는 보호자가 비슷한 경험을 했다는 사실을 알게 되면 자신만 그런 감정을 느끼는 것이 아니라는 데 안심하고, 자신의 감정을 인정하고 그 감정이 자연스러운 것임을 이해할 수 있을 것입니다.

Q 19. 우리 아이랑 자주 다투는 친구가 있는 것 같아요

　부모라면 가슴 철렁하는 뉴스 타이틀 '학폭'. 최근에는 언론 매체에 나올 만큼 큰 사건이 아니더라도 주변 학부형들에게 '학교폭력위원회'나 '학교폭력분쟁조정위원회'가 소집되었다는 이야기를 심심치 않게 들을 수 있습니다. 누가 누구랑 어떻게 다퉈서 그랬다더라는 이야기를 들을 때면 그런 일이 나에게도 일어나면 어떡하나 생각하게 되죠. 유치원에서도 아이들 간에 크고 작은 갈등이 참 많이 일어나기 때문입니다. **이 시기 아이들은 아직 다른 사람의 감정에 공감하는 것도, 행동의 인과관계를 온전히 이해하기도 어렵고, 자신의 감정과 행동조차 제대로 이해하고 통제하기도 어렵습니다.** 그래서 서로 간의 갈등을 피하기가 더 어렵습니다. 유치원은 초등학교처럼 공식적으로 갈등으로 벌어진 사안을 조사하고 중재 또는 징계하는 절차가 있지 않아서 보호자가 우호적으로 서로 이해하고 중재하고자 하는 노력이 무엇보다 중요합니다.

　아이가 특정 친구와 갈등이 빈번하게 지속되는 것 같다면 반드시 교사와 상담해야 합니다. 걱정하는 마음에 아이에게만 갈등 상황을 자세히 묻는 건 옳지 않습니다. 보호자가 감정적으로 사안을 바라볼 수밖에 없게 되거든요. 무엇보다 아이는 자신이 잘못한 것처럼 느껴서 이야기를 회피하거나 사실과 다르게 말할 수도 있습니다. 이때 부모의 반문이 이어지면, 사실이 왜곡되어 전달되거나 오해가 커질 수도 있어요. 따라서 교사와의 상담을 통해서 어떤 상황일 때 갈등이 빈번하게 일어나는지, 말다툼으로 끝이 나는지, 서로 신체적으로 때리는 일은 없는지, 갈등 상황에서 교사는 어떤 식으로 중재하는지를 충분히 들어볼 필요가 있어요. 교사가 중재를 잘하고 있는지 잘잘못을 따지는 것이 아니라 그러한 과정을 알아야 가정에서 지도할 때 도움이 되기 때문이죠.

　그런데 현장에서 보면, 친구 사이가 가깝고 서로 좋아하는 사이에서 의외로 갈등이 잦기도 합니다. 같이 노는 시간이 많으니 그만큼 갈등이 생기는 빈도도 높아지는 것이죠. 이런 경우는 교사가 평소에 다양하게 중재함에도 불구하고 특정 친구와 갈등이 반복해서 생길 수 있습니다. 그래서 보호자는 답답한 마음에 교사의 생활지도가 부족한 게 아닌가 의문을 제기하기도 합니다.

하지만 생활지도의 묘책이 따로 있는 것은 아닙니다. **오직 지속적인 관심과 일관성 있는 생활지도만이 갈등을 줄이고 서로 간의 행동을 변화시킵니다.** 여기서 일관성 있는 생활지도란, 갈등이 생겼을 때 항상 똑같은 방법으로 생활지도를 한다는 의미가 아닙니다. 이때 **일관성이란 생활지도를 하는 '상황에 대한 일관성'을 말합니다.** 친구와 특정 문제 상황이 나타나면 교사나 보호자가 생활지도를 한다는 일관성 말입니다. 이때 생활지도의 방법은 상황에 따라 다양할 수 있습니다.

이 과정에서 자칫 상대방의 보호자에게 직접 연락을 취해서 문제를 해결하려 한다거나, 사과를 요구하는 것은 오히려 상황을 안 좋게 만들 수 있습니다. 보호자의 연락처는 개인정보이기 때문에 당사자라 하더라도 원칙적으로 알려 줄 수 없습니다. 감정이 격해진 상황에서 보호자끼리 직접 연락을 주고받다 보면 말이 오고 가면서 오해가 생길 수도 있고, 상대방의 의도를 알지 못한 채 서로 방어적으로 이야기하게 되어 감정이 상하기 쉽습니다. 설령 누가 봐도 우리 아이가 피해를 봤다고 생각되더라도, 상대방은 전혀 다르게 생각하고 있을 수 있습니다. 아이들의 갈등이 어른들의 싸움으로 번지지 않도록 각별한 주의가 필요합니다. 따라서 담임 교사와 충분히 상담해서 상황을 정확히 이해한 뒤, 교사의 권유와 중재 아래에서 상대 보호자와 소통하는 것이 바람직합니다.

항상 명심해야 할 점은 우리 아이가 앞으로 더 건강하게 성장하는 과정을 응원하는 것이고, 아이의 사회성 발달을 지원하는 과정에는 지속적인 관심 그리고 많은 인내와 노력이 필요하다는 것입니다.

Q 20. 유치원 장난감을 집으로 가지고 와요. 또 좋아하는 장난감을 유치원에 가져가려 할 때도 있어요

보호자가 아이를 처음 유치원에 보낼 때의 감정은 참 복잡합니다. 그동안 아이가 아침에 눈을 뜨고 잠이 들 때까지 먹이고, 재우고, 씻기고, 입히는 모든 순간에 내 손길이 갔어야 했거든요. 그런데 아이의 유치원 생활이 시작되면서 본인이 알지 못하는 아이의 사생활이 생긴다는 것에 낯선 감정을 느끼지요. 아이가 유치원에 있는 동안 어떻게 지낼지 노심초사하는 마음은 당연하고, 아이와 떨어져 있는 동안 무엇을 해야 할지 몰라 멍하니 있다는 보호자도 있어요.

보호자의 마음도 이렇게 요동치는데 처음 유치원에 가는 아이들은 어떨까요? 자신에게 전부였고 안락함을 주던 보호자의 품을 벗어나 유치원 생활을 한다는 것이 매우 낯설고 두렵겠지요. 그래서 개인차는 있지만 아이들 대부분이 유치원을 등원할 때 분리불안을 겪습니다. 이러한 **분리불안을 해소하기 위한 대표**

적인 방법이 애착 인형을 활용하는 거예요. 애착 인형은 아이가 평소에 가정에서 애착을 두고 아끼는 물건을 말합니다. 아이는 좋아하는 장난감을 유치원에 가져가는 것으로도 정서적 지지를 받을 수 있습니다. 때때로 애착 인형에게 현재 자신이 느끼고 있는 불안한 감정을 솔직하게 이야기하는 '정서적인 대화'를 통해 심리적인 안정을 찾기도 한답니다. 간혹 단순히 유행하는 물건이나 장난감을 들고가서 다른 친구들의 부러움을 사거나 순간적인 감정으로 친구에게 주었다가 후회하는 경우도 많습니다. 이 시기 아이들은 소유 개념이 미성숙하여 빌려주는 것과 주는 것의 차이를 모르는 경우가 많거든요. 또 나도 모르는 사이에 소중한 물건을 잃어버리기도 해요. 따라서 분리불안 등의 어려움으로 인해 애착 물건을 가져가야 할 경우, 교사와의 상담 후에 가져가야 합니다.

반대로 유치원에 있는 장난감을 집으로 가지고 오는 경우는 아이가 단순히 그 장난감이 좋아서일 수도 있지만, 유치원에서 있었던 즐거웠던 경험을 보호자와 공유하고 싶어서인 경우도 있습니다. 아이는 자기중심적 사고를 해서 특정 사물에 강한 집착을 보이거나 소유욕을 가질 수 있습니다. 그러한 집착과 소유욕이 유치원에서 갖고 놀았던 장난감을 집에 가져가고 싶은 마음으로 작용할 수도 있어요. 또 자신이 친구들과 즐겁게 놀이한 장난감을 가지고 보호자와 똑같이 놀이하고 싶은 마음일 수도 있습니다. 그렇게 하는 것이 유치원에서 즐거웠던 경험을 공유하는 것이라고 생각하는 것이죠.

간혹 '바늘 도둑이 소도둑 된다.'라는 말을 떠올리며 **아이들을 다그치는 경우가 있는데, 아이의 시선에서 상황을 바라보고, 물건을 가져오면 안 되는 이유를 따뜻하게 안내해 주면 됩니다.** "우와, 이 장난감은 어디서 났어?", "이걸로 뭘 하고 놀았어?", "유치원 장난감을 왜 가지고 왔어?"와 같은 질문으로 대화를 충분히 하는 것이 좋습니다. 그 후에 유치원에 있는 장난감은 유치원에서 친구들과 함께 사용하는 물건이라는 것과 유치원의 장난감을 함부로 가지고 오면 안 된다는 것이 약속이라고 이야기 나누는 것이 좋습니다. 그리고 그 장난감을 대신해서 집에서 가지고 놀 수 있는 장난감은 무엇이 있는지 찾아본다거나, 유치원의 장난감을 빌릴 수 있는지 물어보는 연습을 해 봅니다. 물론 유치원의 장난감이나 물건은 대부분 빌릴 수 없지만 이러한 과정을 통해 아이는 소유 개념을 배울 수 있습니다.

Q 21. 통학 차량에 유아 전용 카시트가 있나요? 안전사고가 걱정돼요

아이들이 매일 이용하는 통학 버스. 걱정이 클 수밖에 없습니다. 우리 아이들이 탈 차에 전용 카시트 설치되었는지, 어떤 안전조치가 필요한지 궁금한 것도 당연해요.

도로교통법에 따르면 어린이 통학 버스에 탑승한 모든 어린이는 신체 구조에 맞는 안전띠를 착용해야 하며, 영유아의 경우 유아 보호용 장구를 사용하는 것이 의무화*되어 있습니다. 유치원에서는 이 법적 규정을 철저히 준수하고, 매일 아침 차량 운행 전에 아이들이 안전벨트를 올바르게 착용했는지 확인하고 있습니다. 더불어 차량 내 안전 장비도 정기적으로 점검하며, 각종 안전 장치가 제대로 작동하는지 확인합니다.

그뿐만 아니라, 통학 차량 운전자와 차에 함께 타는 동승보호자는 정기적으로 어린이 통학 버스 안전 교육을 이수하여 안전 의식을 높이고, 교통사고 발생 시 신속한 대처 방법을 배웁니다. 또 승차보조원(동승보호자)은 차량 내에서 아이들에게 지속적으로 안전벨트 착용의 중요성과 차내에서 안전하게 행동하는 방법을 교육합니다.

아이들도 정기적으로 안전 교육을 받고 있습니다. 체험학습이나 외부 활동을 나가기 전에도 별도의 안전 교육으로 차량 탑승 시 위험 상황에 대비하는 방법을 배웁니다. 이를 통해 아이들은 안전 의식을 높이고, 안전벨트 착용 습관을 들이게 됩니다. 집에서도 보호자가 가족들과 교통안전 교육을 함께 실천하면 큰 도움이 됩니다. 아이들이 스스로 안전벨트를 착용하고, 도로에서 위험 요소를 인지하는 습관을 들여 주세요. 통학 차량 안전은 유치원과 가정이 힘을 합쳐 지속적인 교육을 하는 것이 무엇보다 중요합니다.

---

* **가정에서 같이 보면 좋은 교통 안전 교육 유튜브채널**
https://www.youtube.com/@TS_KOTSA (한국교통안전공단 교통안전TV)
https://www.youtube.com/@KoROAD_official (한국도로교통공단)
https://www.youtube.com/@ikooo_gg (은하안전단·아이쿠TV)
https://www.youtube.com/@교통안전알리고서울교통경찰

참고: 교육부 유치원 어린이통학버스 운영 매뉴얼(2020)

어린이 통학 버스
일일 안전 점검 체크리스트

우리 아이의 유치원 통학 버스 이렇게 점검하고 있어요. 아래 체크리스트를 참고해 내부까지 꼼꼼히 살펴보세요.

점검일: 년   월   일( )   운전자:
차량번호: 동승보호자:
통학차량담당자: 확인자:

구분	점검내역	점검	상태
기본 사항	어린이 통학 버스 신고필증은 자동차의 앞면 창유리 우측 상단의 보기 쉬운 곳에 부착되었는가?	☐	양호 / 미흡
	어린이 통학 버스 앞면과 뒷면 유리창에 어린이보호표지를 적합하게 부착하고 있는가?	☐	
	차량의 운행일지, 수리대장을 비치하고 충실히 작성하고 있는가?	☐	
	어린이 통학 버스는 정기적으로 안전점검을 실시하고 있는가?	☐	

구분	점검내역	점검	상태
차량 점검	차량의 경광등을 비롯하여 각종 등화기가 정상적으로 작동하고 있는가?	☐	양호 / 미흡
	좌석안전띠 부착상태와 작동상태가 양호한가?	☐	
	브레이크 작동상태와 기어변속 장치는 상시 점검하여 안전한 제동이 이루어지도록 하고 있는가?	☐	
	하차 확인 장치(안전벨, 동작감지센서, 좌석확인벨(필수) 등)가 정상 작동하고 있는가?	☐	
	통학 차량 내 날카로운 곳 또는 위험한 물건(인화물질 등)이 없는가?	☐	
	비상탈출용 망치를 통학 버스 내부에 규정 수량대로 비치하고 있는가?	☐	
	차량용 소화기가 고정 설치되어 있고, 소화기 압력은 적당한가?	☐	
	타이어 마모와 파손 상태가 이상 없고 공기압 상태는 양호한가?	☐	
	좌우에 광각 실외후사경이 설치되어 통학버스의 사각지대를 해소하고 있는가?	☐	
	후방 확인을 위한 장치(후방 경보, 후진 알림 또는 후방 카메라)가 정상 작동하는가?	☐	
	승하차보호기(정지 표시 장치) 및 승강구(보조 발판)가 정상 작동하는가?	☐	
	어린이 통학 버스 내 금연 스티커가 부착되어 있는가?	☐	

구분	점검내역	점검	상태
차량 승하차 지도 점검	어린이 통학 버스 내 비상연락망, 구급상자가 비치되어 있는가?	☐	양호 / 미흡
	운행노선 및 시간표, 정류장별 승하차 어린이 명단을 소지하고 있는가?	☐	
	운행노선과 도착시간 등이 운전자와 학생이 무리하지 않게 여유 있게 선정되어 승하차 시 혼란이나 학부모 민원은 없는가?	☐	
	통학 버스 탑승 학생의 연락처와 비상시 연락 가능한 학부모 연락처를 비치하고 있는가?	☐	
	동승보호자는 어린이가 자리에 앉는 동안 좌석안전띠 착용 등 보호 조치를 적절히 하고 있는가?	☐	
	동승보호자 및 운전자는 어린이가 안전하게 승하차할 수 있도록 조치하고 있는가?	☐	
	지정된 하차 장소에서 보호자에게 안전하게 인계하고 있는가?	☐	
	동승보호자 및 운전자는 어린이가 하차 후 차량 내 모든 좌석을 직접 둘러보며 남아 있는 어린이가 있는지 확인하고 있는가?	☐	
	일일 차량 운행일지 및 안전 운행 기록을 성실히 작성하고 담당자에게 보고하고 있는가?	☐	
	교사는 등원 시간에 출결을 확인하고 결석 어린이 확인 즉시 학부모에게 결석 통보 및 사유를 확인하고 기록하는가?	☐	

* 점검 후 결과를 표시하고 '미흡' 항목에 대한 보완조치 후 자체 보관할 것
* 점검자는 기본사항-통학차량담당자, 차량점검-운전자, 차량승하차지도점검-통학차량실무사 또는 동승보호자로 하는 것을 원칙으로 하되, 학교 상황에 맞게 변경 가능
출처: 교육부, 유치원 어린이통학버스 운영 매뉴얼

Q 22. 아직도 기저귀를 차요. 똥을 누고 혼자 닦지 못하는데 유치원에서 배변 훈련을 시켜 주나요?

유치원에서도 배변 지도를 하지만, 기본적인 배변 훈련은 가정에서 이뤄지는 것이 가장 효과적입니다. 유치원에서는 정해진 시간에 화장실을 갈 수 있도록 안내하여 규칙적인 배변 습관을 길러 줍니다. 물론 정해진 시간 외에도 갈 수 있어요.

유치원에서는 일상 생활 및 보건 안전 수업에서 배변 지도를 하고 있습니다. 하지만 아이들 개개인의 배변 지도에는 한계가 분명히 있습니다. 배변 훈련은 만 3세 입학 전 이루어져야 할 중요 발달 과업 중 하나입니다. 이를 통해 유아는 자립심과 독립심을 기르고, 스스로를 돌보는 기초 능력을 형성하기 때문입니다.

간혹 유치원에 기저귀를 차고 가도 되는지 문의하는 보호자가 있습니다. 교사는 먼저 '배변 훈련은 입학 전 가정에서 충분히 하고 오는 것이 좋다'고 말씀드립니다. 그러면 어떤 보호자는 '유치원에서는 뒤처리를 도와주지 않나 보다.' 짐작하거나, 아직 기저귀를 떼지 않아서 유치원에 보내는 건 너무 이른 것 같다며 입학 결정까지 거듭 고민하기도 합니다. 그런데 교사의 대답 속 진짜 이유를 알아주세요. 유치원에서 아이의 배변을 도와주기 싫어서가 아니라, 배변 훈련이 만 3세 이전에 이루어지는 발달 과업이기 때문에 그렇게 답한 것입니다. 당연히 교사는 아이가 스스로 뒤처리를 할 수 있게 기꺼이 도와줍니다.

다만 배변 훈련이 안 된 채 유치원을 다니면 불편할 수 있을 뿐 아니라 또래관계에서 어려움을 느낄 수 있습니다. 특히 만 3세 이후는 또래에 대한 인식이 생기고 상호 작용이 활발해지는 시기입니다. 이때 기저귀를 착용한 아이는 친구들에게 '아기'로 인식될 수 있으며, 이는 자존감 형성에 영향을 줄 수 있습니다. 이러한 이유로 가정에서 충분한 연습과 격려를 통해 스스로 배변을 조절하고 뒤처리를 할 수 있게 준비해 주길 권하는 것입니다.

실제 예를 들어 볼까요? 유치원에서 기저귀를 떼지 못한 두 아이가 있었습니다. 첫 번째 아이는 인지 능력이 높고 완벽주의 성향이 강해 작은 실수에도 스트레스를 받는 경우가 많았습니다. 교사는 실수에 대한 두려움을 덜어 주기 위해 아이

앞에서 일부러 물을 쏟거나 종이를 찢기도 했죠. 이렇게 어른도 실수할 수 있다는 것을 보여 주면서 실수를 해도 괜찮다는 경험을 쌓게 도왔습니다. 동시에 보호자와 상담을 지속하면서 실수에 예민하게 반응하는 행동을 자제하고 따뜻하게 격려하는 방식으로 접근하자 아이가 차츰차츰 기저귀를 떼게 되었습니다.

다른 한 아이는 발달에 문제가 없었지만 같은 반에서 가장 늦게 태어난 12월생이라는 이유로 보호자가 아이를 어리게 보는 경향이 있었습니다. 보호자는 외출 시 불편하고 빨래에 대한 부담이 있어 본격적인 배변 훈련은 미루고서 기저귀를 사용했습니다. 하지만 유치원에서는 일과 중에 규칙적으로 화장실에 가도록 안내하며 배변 훈련을 도왔습니다. 그리고 기저귀 대신 팬티를 입고 오도록 제안했어요. 때로 소변 실수를 하면서 기저귀와 달리 축축하다는 불편함을 느꼈겠지요? 그러자 아이는 스스로 화장실을 찾아가기 시작했고, 결국 기저귀를 떼게 되었습니다.

배변 훈련 방법은 아이의 성향이나 상황에 따라 다릅니다. 위의 사례를 무조건 적용하기보다는 유치원 입학 전 기저귀를 뗄 수 있게 어린이집 교사와 상담하는 것이 좋습니다. 유치원 입학 후에도 담임 교사와 함께 아이의 자립심과 자신감을 향상을 위해 배변 훈련을 우선 목표로 두어야 합니다. 보호자와 유치원이 함께 노력한다면, 아이는 점차 자립심을 키우고 또래 관계에서도 자신감을 갖게 될 것입니다.

'기저귀 졸업'은 했는데, 아직 배변 후 처리가 어렵다고요? 많은 보호자가 같은 고민을 합니다. 아이마다 발달 속도가 다르니, **당장 혼자 닦는 것이 어렵더라도 단계적으로 연습해 주세요. 특히 48개월 이전의 아이들의 경우 신체적 한계 때문에 배변 후 닦는 것이 힘들 수 있습니다.** 팔이 짧아 엉덩이에 손이 다 닿지 않거나, 항문의 정확한 위치를 인식하지 못할 수 있으니까요. 이런 어려움은 발달 과정에서 자연스러운 부분이니 너무 걱정하지 않아도 됩니다.

간혹 아이들이 배변을 '더러운 것'이라 여기고, 손을 대면 안 된다고 부정적으로 생각하기도 합니다. 이때는 배변 후 잘 닦는 것이 얼마나 중요한지 알려 주어야 합니다. "똥을 눈 후에는 몸을 깨끗이 닦는 것이 내 소중한 몸을 지키는 방법이야."라고 설명해 주세요. 그러면 아이는 닦는 것에 대한 부정적인 생각을 바꾸고 몸을 깨끗하게 관리하는 방법을 배우게 됩니다. 유치원에서는 이러한 과정을 돕고, 아이들이 배변 후 스스로 닦는 방법을 천천히 익힐 수 있도록 지원합니다. 가정에서도 다양한 방법으로 아이들이 배변 후 닦는 과정을 하나하나 연습할 수 있게 도와주세요.

- **시각적 자료 활용**: 배변 후 닦는 과정을 쉽게 설명하기 위해 시각 자료를 사용해 보세요. 예를 들어 그림 카드나 간단한 포스터를 활용해 휴지를 얼마나 사용해야 하는지, 어떤 방향으로 닦아야 하는지 등을 아이들이 이해할 수 있게 보여 줍니다. 유치원에서는 이러한 자료를 화장실에 붙여 놓아 아이들이 혼자서도 보고 따라 할 수 있게 해 줍니다.
- **놀이를 통한 연습**: 배변 후 닦는 과정을 놀이로 변형해 연습하는 방법도 효과적입니다. 예를 들어 장난감 인형이 배변 후 닦는 과정을 재연하면서 자연스럽게 아이들에게 올바르게 닦는 방법을 보여 줍니다. 아이들이 놀이를 통해 재미있게 배우면 부담 없이 실제 배변 시에도 잘 닦게 됩니다.
- **단계별 설명**: 배변 후 닦는 과정을 몇 가지 쉬운 단계로 나누어 가르쳐 보세요. 예를 들어 첫 번째는 휴지를 뽑고, 두 번째는 한 손을 뒤로 가져가고, 세 번째는 앞에서

뒤로 닦고, 마지막으로 휴지를 확인하고 버리기 등의 구체적인 단계를 설명하고, 아이들이 하나씩 따라 하도록 지도합니다.

- **모델링(시범 보여 주기)**: 배변 후 닦는 동작을 시범으로 보여 줍니다. 물론 실제 상황은 아니지만, 손으로 닦는 동작을 구체적으로 표현하거나 인형 등을 이용해 구체적으로 보여 주면 아이들이 닦는 과정을 더 잘 이해할 수 있습니다.
- **긍정적 강화**: 아이들이 스스로 배변 후 닦는 것에 도전할 때마다 칭찬과 격려로 자신감을 북돋아 줍니다. 아이는 스스로 해냈다는 자부심을 느끼고, 다음에 더 잘하려고 노력합니다. 이런 방식으로 점진적으로 자립심을 길러 줍니다.

한 아이가 친구가 혼자 뒤처리를 잘 해냈다는 이야기를 듣고 자신은 못 한다며 시무룩해진 적이 있습니다. 하지만 집에서 보호자와 함께 열심히 연습한 후, 유치원에 와서는 자랑스럽게 "나, 응아 혼자 닦았다!"라며 친구들에게 말하는 순간, 아이의 얼굴에는 기쁨과 자부심이 가득 차 있었어요. 이런 경험은 아이에게 큰 자신감을 심어 주고, 새로운 도전을 즐겁게 받아들이는 계기가 되지요. 가정에서도 아이가 이 과정을 편안하게 연습할 수 있는 시간을 주세요. 처음에는 보호자가 함께 도와주고, 점차 아이가 혼자 할 수 있도록 격려해 주세요. "깨끗이 닦으면 기분도 좋고 건강에도 좋아."라며 긍정적인 메시지를 전해 주세요. 유치원과 가정이 함께 노력하면 아이는 점차 자립적인 생활 습관을 형성하게 될 것입니다.

---

* **배변 훈련에 도움이 되는 그림책**
《슈퍼 히어로의 똥 닦는 법》 안영은, 책읽는곰
《똥꼬 아저씨의 하루》 황지영, 한림출판사
《아빠, 나 똥!》 알레산드라 레케나, 다봄

우리 아이 유치원 적응을 위한 체크리스트

자, 이제 다음 체크리스트를 한번 작성해 봅시다. 모든 항목을 완벽히 준비할 필요는 없습니다. 아이의 발달 상황에 맞춰 연령과 특성에 따라 우선순위를 정해 보세요. 부족한 부분은 유치원 생활을 하면서 천천히 익혀 나가면 됩니다. 무엇보다 아이가 유치원에 적응하는 데에는 가정과 유치원의 긴밀한 소통과 협력이 필요합니다. 아이의 특성과 상황을 교사와 공유하고, 유치원에서의 생활에 관심을 가져 주세요.

구분	내용	준비됐나요?
기본 생활습관 기르기	스스로 화장실을 간다.	
	혼자 손을 씻는다.	
	혼자 정해진 시간 내에 밥을 먹는다.	
	혼자 신발을 신고 벗는다.	
	정해진 시간에 자고 일어난다.	
사회성 기르기	간단한 인사말을 할 수 있다.	
	물건을 나누어 쓴다.	

구분	내용	준비됐나요?
사회성 기르기	차례를 기다린다.	
	놀이 시 규칙을 알고 지킨다.	
	자신의 생각을 자신 있게 표현한다.	
정서적 안정감 기르기	부모와 잠시 떨어질 수 있다.	
	낯선 환경에서도 안정감을 갖는다.	
	자신의 감정을 표현한다.	
유치원 생활 알아보기	유치원 하루 일과를 알아본다.	
	유치원 교사와 미리 만나본다.	
	등하원 시간을 알고 등하원 방법을 익힌다.	
	필요한 물품을 함께 준비한다(여벌 옷, 실내화 등).	
건강 관리하기	규칙적인 생활 리듬을 익힌다.	
	손 씻기, 양치질 등 위생습관을 기른다.	
	적절한 휴식과 수면 취한다.	
	건강검진을 받는다(제출 해에 해당).	

Chapter 3

드디어 시작된 유치원 생활.
보호자들은 우리 아이의 하루가 누구보다 궁금할 거예요.
이른 아침 등원 인사부터 간식 시간에 배우는 식습관,
놀이를 통한 성장까지. 생각보다 촘촘히, 뚜렷한 교육적 배경 아래
체계적으로 운영되고 있는 유치원 프로그램들을 소개합니다.

유치원의 하루

Q 23. 유치원의 일과가 궁금해요

유치원의 일과를 동네 엄마들에게 묻거나 포털에 검색하면 '유치원마다 달라요', '전화해서 물어보는 게 제일 정확해요.'라는 답변이 가장 많을 거예요. 아주 틀린 말은 아니지만, 유치원의 일과는 유치원 운영 시간과 교육 내용에 따라 비슷하

오전 교육 과정	08:40~10:00	등원 및 자유놀이 오전 간식
	10:00~11:00	바깥놀이 또는 실내 신체놀이
	11:00~12:00	대·소집단 활동 또는 안전 교육
	12:00~13:00	점심 식사 및 휴식, 양치 지도, 독서
오후 방과후 과정	13:00~14:00	바깥놀이
	14:00~14:30	방과후 특성화
	14:30~15:30	오후 간식 및 대·소집단 활동
	15:30~16:40	오전 자유놀이 연계
	16:40~	하원

면서도 조금씩 달라요.

먼저, **오전 교육과정**에 대해 알아볼까요? 앞에서 소개한 유치원 일과를 기준으로 설명해 보겠습니다. **나라에서 정한 유치원 운영 시간은 유치원마다 다릅니다. 다만 교육과정에 따른 운영 시간은 4~5시간으로 정해져 있습니다.** 이에 따라 8시 40분에 시작한다면 12시 40분까지, 9시에 시작한다면 오후 1시까지 운영하죠. 방과후 과정은 4시간 내외로 운영합니다. 보통 **교육과정반과 방과후 과정을 합쳐 8시간을 운영한다고 생각하시면 됩니다.** 만약 아침 돌봄을 운영하는 유치원이라면 **돌봄 운영 시간인 7시 40분부터 문을 열 수도 있습니다.** 원칙적으로 돌봄 운영 시간 이전에는 등원할 수 없어요.

그해 입학한 원아의 요청과 수요, 유치원 방침에 따라 저녁 돌봄만 하거나, 아침·저녁 돌봄 모두를 운영하는 곳도 있습니다. 여기에서 일과 차이가 나지요. 아침 돌봄은 등원 전 1시간 내외 동안 돌봄 강사가 빠른 등원을 할 수 있도록 맞이하고 보호하는 운영 사업입니다. 저녁 돌봄은 하원 시간 이후 1시간 내외 정도를 보호하는 시스템이죠. 이 때에는 특별한 프로그램보다는 유아들이 휴식과 쉼을 보장하도록 하며, 간식을 먹거나 자유 놀이 등을 할 수 있도록 돕습니다. 즉, 아이마다 등원과

하원 시간에 차이가 있을 뿐, 유치원의 기본적인 운영 시간이 크게 바뀌는 것은 아니에요.

교육이 시작되는 오전 8시 40분부터 교사가 교실에서 아이들을 맞이합니다. 오늘 기분은 어떤지, 아픈 곳은 없는지 컨디션을 체크하고 아이들과 함께 하루를 시작하죠. 유치원에서는 2019개정누리과정*에 따라 놀이 시간을 학교의 시간표처럼 일괄적으로 정하지 않아요. 놀이 시간은 유아의 흥미나 관심에 따라 언제든지 유동적으로 줄어들거나 늘어날 수 있답니다. **보통 오전 10시가 되면 오전 간식을 먹습니다. 점심시간과 두 시간 간격을 두기 위해서예요. 또한 하루에 바깥놀이를 포함하여 2시간 이상의 놀이 시간을 가집니다.** 보통 오전 1시간, 오후 1시간씩 유동적으로 바깥놀이 시간을 가지기도 하죠. 만약 미세먼지 농도가 나쁘거나 날씨가 좋지 않다면 실내 놀이터나 유희실 등에서 아이들이 마음껏 뛰어놀도록 합니다.

오전 11시가 되면 아이들이 관심 있어 하는 주제나 대상에 따라 교사가 준비한 자료를 활용한 놀이 확장 활동이 시작됩니다. 전체 원아들을 대상으로 하는 '대집단' 활동이라고도 해요. 이야기 나누기, 동화 읽기, 동시나 동요 부르기, 미술 활동, 극놀이, 게임, 신체 표현, 명화 감상, 안전 교육 등 다양한 활동을 진행합니다. 이러한 활동은 아이들의 창의성과 사회성을 기르는 데 큰 도움이 되겠죠?

오후 12시가 되면 함께 점심을 먹고 양치질을 해요. 이어서 휴식을 취하며 유치원에서 정한 활동에 참여합니다. 차이는 있을 수 있지만 방과후 과정이 시작되면 오전 교육과정을 담당하는 교육과정 교사가 방과후 과정 교사에게 그날 있었던 교육과정 놀이 및 생활, 아이들의 컨디션 등을 나누며 인수인계를 합니다.

이제 **오후 방과후 과정**에 대해서 알아볼까요? 오후 1시 전후로 오후 시간인 방과후 과정을 담당하는 방과후 과정 교사는 날씨에 따라 아이들과 바깥놀이나 신체놀이를 하거나 교육과정과 연계된 자유놀이를 합니다. 유치원마다 시간 차가 있겠지만 아이들은 보통 오후 2시에서 2시 30분 정도에 특성화 활동에 참여해요.

특성화 활동 역시 유치원에 따라 체육, 미술, 코딩, 블록, 보드게임, 발레, 태권도, 과학 활동, 독서 활동 등 다양한 주제가 있고, 보통은 요일별로 운영됩니다. 운동처럼 활발하게 움직이는 활동 후에는 잠시 휴식을 취할 수 있는 독서처럼 정적인 활동을 번갈아 가며 운영하고 있어요.

오후 활동 이후에는 오후 간식을 먹고 오전에 이루어졌던 놀이를 바탕으로 크고 작은 그룹을 만들어 다양한 활동을 펼쳐 나갑니다. 아이들은 교사의 지도에 따라 자신이 좋아하는 것들과 연계된 놀이를 확장하는 경험을 할 수 있답니다.

등원할 때처럼 아이들은 각자 상황에 따라 하원하게 됩니다. 그리고 점심시간 이후, 교육과정 교사의 인수인계가 이루어졌듯이 오후에도 방과후 과정 교사가 교육과정 교사와 아이들과 함께한 시간에 대해 이야기를 나누지요.

이렇게 오전과 오후 교사의 활발한 상호 작용을 통해 아이들이 흥미를 갖는 주제가 연계될 수 있게 하고, 일과가 균형 있게 운영되게 최선을 다하고 있습니다. 공립유치원에서는 항상 두 명의 교사가 오전과 오후를 맡아 운영하고, 사립유치원에서는 한 명이 이어 가는 경우도 많습니다. 한 명의 담임 교사가 오전부터 오후까지 함께한다면 아이들의 흥미는 당연히 자연스럽게 이어지겠죠. 이때는 부담임 교사와 함께합니다.

---

* **2019개정누리과정** 교육부와 보건복지부가 제시한 국가 수준의 유치원 교육과정지침서를 의미합니다. 현재 유치원에서는 2019년에 개정된 교육과정을 통해 유아가 놀이 속에서 배울 수 있는 존재임을 믿고 놀이 위주의 교육과정을 편성하여 운영하도록 하고 있습니다.

Q 24. 놀이 중심 교육과정이 뭔가요? 놀면서 어떻게 배울 수 있나요?

맞아요. 매일 노는 것이 맞습니다! 아이가 만날 오늘 유치원에서 뭘 배웠다고 하지 않고 잘 놀고 왔다고 하는 것은 '정말 놀고 왔기 때문'입니다. 그렇다면 우리 아이는 왜 유치원에 가서 매일 놀기만 하는 걸까요? 정답은 바로 '2019개정누리과정'에 있습니다. 이것은 유치원 교육과정으로 유치원에서 이루어지는 모든 활동에 대해 '국가가 만든 가이드'입니다. 1969년 시작된 제1차 유치원교육과정부터 오늘날까지 교육과정은 여러 차례 개편되었답니다. 2019개정누리과정은 '유아가 중심이 되는 놀이 위주의 교육과정'을 강조하며 2020년 3월부터 시행하여 운영되고 있습니다. 그렇다고 마냥 아이들이 유치원에서 놀다가 가는 것이 아니라 놀이 속에서 진정한 배움이 일어날 수 있게 구성한 과정이에요. 아이들에게 제공하는 교과서는 따로 없지만, 교사들은 세 가지 지침서인 누리과정 해설서, 지침서, 놀이 이해자료를 참고해 **배움이 있는 놀이를 끊임없이 연구합니다. 교사는 배움의 목표를 향해 아이들의 흥미를 계속 유도하고, 놀이를 풍부하게 지원하고 있답니다.**

교사는 놀이 속에서 아이들이 어떤 것을 배우고 있는지, 그 놀이가 아이에게 어떤 의미가 있는지를 명확하게 파악하기 위해 적극적으로 참여합니다. **아이들과 상호 작용하며 놀이에 참여하고 또래 관계를 비롯해 아이의 다양한 행동을 관찰하고 해석합니다.** 예를 들어 지금 아이가 어떤 놀이를 하는지, 놀이를 할 때 어떤 친구와 함께 상호 작용하는지, 어떤 주제로 대화를 나누는지, 놀이를 진행하는 데 있어서 필요한 재료나 자료는 없는지를 살핍니다. 이어서 놀이 상황에서 친구와 갈등이 일어나지는 않는지, 놀이 상황에서 재미있는 흥미들이 생기는지, 놀이 상황에서 새로운 배움이 일어났는지 판단하고 관찰하고 파악하고 지원하고 함께하죠. 그러면서 자연스레 아이들의 배움을 더 풍부하게 만들어 줄 질문과 놀이를 지속하고 확장할 수 있는 자료를 고민합니다.

그렇다면 구체적으로 교사들이 어떻게 아이들 마음을 파고드는지 정리해 볼까요? **집에서도 아이와 놀 때 응용해 보면 좋을 놀이 관찰 노하우.** 한번 같이 보시죠.

아이들의 시선으로 놀이를 바라본다면 어떤 체험이 될까요? 한 아이가 주말에 미용실에 다녀왔을 때를 예시로 들어 살펴보겠습니다.

> 민지 머리가 꼬불꼬불해졌네! 주말에 미용실 갔었니?

머리 모양이 바뀐 아이를 보고 친구들이 말합니다. 친구와 상호 작용이 시작됩니다.

> 응! 미용실에서 머리도 자르고 파마도 했어!

마침 교실에 미용실 놀이를 할 수 있는 빗, 거울, 헤어롤, 미용 도구 세트가 있어서 누군가 이렇게 말해요.

> 우리 미용실 놀이 할래?

> 그래. 좋아!

아이들은 경험으로 시작된 관심과 현재의 흥미에 따라 미용실 놀이를 시작합니다.

미용실 놀이를 하려면 헤어 디자이너와 손님이 필요하겠죠? 그런데 문제가 발생해요. 놀이를 막 시작하려는데 여기에 참여

한 두 아이 모두 헤어 디자이너를 하고 싶대요. 이때 아이들은 사회적 관계 속에서 나타나는 '갈등'을 경험하게 됩니다. 이때 교사는 이러한 갈등을 파악하고 갈등을 긍정적으로 해결할 수 있는 다양한 방안을 찾아야 합니다. 곧바로 아이들과 이야기를 나누며 해결책을 찾게 돕습니다.

> 미용실에 손님이 오지 않으면 어떻게 놀 수 있을까?

> 혹시 둘 다 헤어 디자이너를 할 수 있는 방법은 뭘까?

질문을 끌어내 아이들이 갈등 속에서 생각할 수 있는 기회를 제공합니다.

> 한 번씩 번갈아 가면서 해 볼까?

만약 방법을 찾았다면, 이제 미용실을 구성하기 위해 아이들은 교실에 있는 블록으로 자리를 만들어 보기도 하고 의자와 책상으로 그 모습을 재연해 본인들의 경험을 재구성합니다. 미용실에는 거울도 있었고, 의자도 있었고, 뭔가를 놓아 둘 수 있는 책상도 있었고, 머리를 자를 때 보자기 같은 것도 몸에 둘렀던 기억을 놀이 상황 속에서 재구성하게 됩니다.

> 손님, 어서오세요~!

헤어 디자이너가 된 아이는 맡은 역할을 위해 인지를 구성하고 재조직합니다. '손님'이 된 아이도 손님처럼 행동합니다. 놀이하면서 서로 대화하며 생각을 나누면서 경험을 계속 다시 만듭니다. 예를 들면

> 머리를 어떻게 해드릴까요?

헤어 디자이너가 물으면 손님은 이렇게 답하는 거죠.

> 뽀글뽀글 파마해 주세요!

그러면 헤어 디자이너는 헤어롤을 가지고 와 손님 머리를 만지고 푸는 행동을 반복적으로 해요. 눈과 손의 협응을 활용해 맡은 역할을 잘하려고 노력하는 거죠.

머리가 완성되면, 이제 놀이도 끝날까요? 아닙니다. 손님인 아이는 어른과 함께 갔던 미용실 나들이의 경험과 기억에 따라 돈을 내야 한다는 걸 알고 있습니다.

> 얼마인가요?

> 5만 원이에요!

대답은 쉽게 하죠. 그러다가 아이들은 돈을 준비하지 못했다는 사실을 깨닫습니다. 이때 아이들은 미용실 놀이 공간에서 잠시 벗어나 새로운 생각을 떠올리고 나눕니다.

> 우리 색종이로 돈 만들자!

서로 동의하면 적당한 색종이를 골라서 자르고 연필이나 색연필로 자신들이 아는 숫자를 적어 볼 수도 있습니다.

> 나도 미용실 놀이 같이 할래!

흥미로운 놀이를 지켜보던 친구들이 모여듭니다. 그렇게 한두 명의 관심이 여러 명에게 확장되기 시작해요. 아이들은 미용실을 점점 더 세밀하게 구성해 나가기 시작합니다. 미용실 간판을 만들면서 모르는 글자에 대해 알아보기도 하고, 미용실 사진들을 보며 어른과 갔던 기억과 추억을 떠올립니다.

> 아! 카운터가 있어야 해!

벽돌 블록과 보자기를 활용하여 카운터를 만들기도 해요. 그 과정에서 왼쪽과 오른쪽의 벽돌 블록을 같은 수로 놓아야 카운터처럼 튼튼한 네모 공간이 된다는 걸 인식하게 됩니다.

> 머리도 감겨 주어야 해!

　사람이 머리를 감기 위해서는 몸을 뒤로 젖힐 수 있는 공간이 필요하다는 것을 또 인식합니다. 또 다른 공간을 찾고, 그 공간에서 놀기 위해 재구성하는 과정을 거듭하게 되지요.

　아이들이 마음껏 놀면서 어떤 것들을 배우고 있는지 보셨나요? 작고 큰 놀이 세상 속에서 배움이 크고 있답니다. 이렇게 유치원에서는 아이들이 만들어 가는 놀이로 다양한 경험을 배우는 것을 목적으로 교육과정을 운영합니다. 따라서 교사는 유동적으로 변화하는 아이들의 생각에 귀를 기울이고 자세하게 관찰할 수 있는 역량이 필요합니다. 교과서를 펼쳐 학습 목표를 채워 나가는 기존의 교육과정에서 요구된 것과는 다른 교사의 노력과 역량이 필요한 고차원적인 교육과정이 운영되고 있는 것이죠. 실컷 놀고 오는 우리 아이의 일과, 이제 단순히 노는 것이 아니라는 걸 알게 되니 마음이 조금 놓이시죠? **아이들은 놀이 속에서 가장 잘 배울 수 있답니다!**

교사의 다양한 역할

놀이 참여자

교사는 유아의 놀이 속에 '참여자'로 함께 참여하며 놀이를 더욱 풍부하게 해 주는 역할을 수행합니다.
놀이는 가상의 세계이므로 교사는 자신이 가진 경험과 지식을 토대로 놀이가 현실의 세계와 연결될 수 있도록 적절히 지원합니다. 때로는 마트 사장님이 되기도 하고, 미용실의 손님이 되기도 하며, 간혹 동물원의 원숭이나 집에서 키우고 있는 강아지나 고양이가 되어 동물 소리를 내면서 놀이 속에서의 하나의 역할을 맡아 보지요.

놀이 지원자

아이들이 놀다 보면 놀이에 필요한 것들이 생깁니다. 이때 교실 여기저기에서 교사의 도움이 필요하다는 외침이 들리기도 하고, 교사가 놀이를 관찰하며 놀이 속에 필요한 지원(재료, 공간 확장, 정보 제공, 관계 지원 등)들을 찾아 제공해 주기도 합니다.
교사는 유아의 놀이를 관찰한 후, 놀이에 지원하면 더욱 풍부한 '배움'이 일어나겠다고 생각되는 다양한 지원 활동을 합니다. 그것이 어떠한 역할의 일종일 수도 있고, 색종이나 빨대, 옷감이나 재활용품 같은 만들기 재료일 수도 있어요. 전자 칠판이나 태블릿을 제공해 사용법을 같이 알아보는 것 같은 기술적인 부분일 때도 있고요.

교사의 다양한 역할

놀이 감독자

교사는 유아의 놀이를 관찰하며 놀이의 흐름을 파악합니다. 이 놀이가 교육적 가치가 있는 놀이인데 흐름이 깨질 것 같다고 판단되면, 교사는 놀이를 계속 이어 나갈 수 있도록 아이들에게 적절한 '제안'을 할 수 있습니다.
또한 유아의 놀이 속에서 각각의 상호 작용을 바라보고 유아의 성향에 따라 상호 작용을 더욱 풍부하게 할 수 있는 방향들을 감독하고 지도할 수 있습니다. 간혹 놀이에 너무 심취한 나머지 과격해지는 신체놀이나 그 속에서의 갈등을 관찰해 놀이를 중재하는 역할도 할 수 있죠.

놀이 관찰자

교사는 유아의 놀이를 세심하게 바라봅니다. A가 이 놀이 상황에서 왜 이런 말을 했는지, B는 그 재료를 왜 필요로 하는지, C가 3월에 즐겼던 놀이가 10월에는 어떻게 성장하고 달라졌는지 등을 기록하며 놀이를 관찰합니다.
놀이 관찰을 통해서 유아의 성장과 발달도 파악할 수 있지만 유아의 성향, 유아의 현재 수준을 파악할 수 있고 친구 관계에 대해서도 파악하여 보호자들과 공유하고 소통하게 됩니다.
놀이 관찰이라는 것은 마냥 놀이를 바라보는 것이 아니기 때문에 교사는 사소해 보이는 놀이 하나 속에도 자신의 수많은 고민과 경험, 생각들을 담아낼 수 있습니다.

Q 25. 현장 체험학습의 장소와 주제는 어떻게 정하나요?

평소 유치원에서 오랜 시간을 보내는 아이들이 교실 밖에서도 많은 경험을 통해 배울 수 있다는 건 잘 알고 계시죠? 교사들은 2019개정누리과정을 지역 특성에 맞게 재구성해 운영합니다. 주어진 교육 기준을 따라 구성하되, 우리 반 아이들의 특성에 맞춰 더욱 유용한 교육과정으로 한 번 더 구성하는 것이죠. 이렇게 두 번의 교육과정을 재구성하는 과정에서, **교사는 교육과정 운영의 자율성을 존중받으면서 각기 다른 상황에 적절한 교육을 할 수 있고, 그만큼 아이들은 섬세한 학습을 할 수 있게 됩니다.**

체험학습도 그 가운데 하나입니다. 매년 학기가 시작하기 전 2월에 교사 회의에서 지역의 명소 중에서도 유아가 놀이하기에 안전하고 의미 있는 곳을 체험학습 장소로 선정합니다. 이때 작년에 가지 않았던 곳, 작년에 갔지만 아이들에게 의미 있고 좋았던 곳, 무엇보다 아이들이 활동하기에 안전하고 편안한 곳

등 여러 상황을 고려합니다. 학부모들의 의견을 참고해 실정에 맞는 장소를 선택하기도 합니다.

현장 체험학습은 실내외로 다양하게 기획할 수 있습니다. 미술관이나 박물관을 견학하며 문화유산에 관한 지식과 작품에 대한 안목을 기르게 돕고, 견학 후 교실로 돌아와 놀이로 재현하는 활동이 일반적입니다. 최근엔 현장 체험학습으로 연 1회 키즈카페를 방문하기도 합니다. 키즈카페에서도 아이들은 다양한 체험을 하면서 친구들과 상호 작용을 하면서 새로운 추억을 만들어 갈 수 있거든요. 또 영화관에서 친구들과 함께 영화를 볼 수도 있지요. 아이들은 많은 사람들과 한정된 공간을 함께 이용하기 때문에 이러한 **실내 체험학습은 서로 배려해야 하는 것을 배울 기회를 마련해 줍니다.** 실내에서 지켜야 할 약속, 규칙, 예절 등을 이해하게 되는 거죠. 특히 맞벌이 가정이 많아지면서, 아이들이 다양한 공간에서 풍성한 경험을 할 수 있게 여러 가지 기회를 제공해 줄 필요가 있습니다. 숲, 공원, 물놀이장, 농장, 동물원 등을 방문하는 실외 체험도 마찬가지입니다. **실외 체험에서는 아이들이 자기의 몸을 안전하게 보호하기 위해 지켜야 할 중요한 약속과 규칙이 있다는 것을 배웁니다.** 또 안전한 장소에서 건강하게 놀기 위해 필요한 다양한 방법들을 실천하며 습득합니다.

그렇다면 교사는 현장 체험학습을 갈 때 무엇을 준비해야 할까요? 먼저 체험학습 장소에 사전 답사를 다녀옵니다. 체험할 때 위험한 공간은 없는지부터 아이가 사용할 수 있는 화장실인지 확인하는 세밀한 사항까지 사전 점검을 합니다. 또 출발 전에 미리 준비한 체험 장소 사진을 아이들과 함께 보면서 안전 수칙을 알려주면서 안전 교육을 실시합니다. 이때 체험 장소, 체험 내용, 차량 안전 등에 대해 함께 이야기를 나눕니다. 실외 체험학습의 경우 교사들은 평소보다 더 긴장한 상태로 아이들의 안전에 더욱 신경을 쓰면서 즐거운 현장 체험학습이 될 수 있게 주의를 기울일 수밖에 없습니다.

물론, 이렇게 사전 점검이 꼼꼼하게 이루어진 상태에서 체험학습이 진행되기 때문에 대부분 안전사고가 발생할 위험은 크지 않지만, 사소하게 다치는 상황이 벌어질 수 있습니다. 교사는 이럴 때를 대비해 현장 체험학습 시 다양한 상황에 대비할 수 있는 응급키트를 구비해야 합니다. 또한 위급한 상황 발생 시 신속하게 대응할 수 있게 비상 연락망을 마련하는 등 체계적이고 효율적인 시스템을 구성하고 있습니다.

Q 26. 유치원에서 태블릿 같은 디지털 기기를 사용하지 않았으면 좋겠어요

유치원에서는 디지털 기기로 영상을 보여 주는 것이 아니라 다양한 교육적 목적에 따라 '도구'로 활용하고 있습니다. 디지털 미디어 사용은 학부모들이 많이 고민하는 부분이지요. 최근엔 아이와 있을 때 TV나 휴대폰을 아예 사용하지 않는 보호자들도 늘고 있으니까요. 그런데 현실적으로 오늘날 교육 현장에서는 디지털 기기 사용을 아예 배제할 수는 없습니다. 그 이유를 지금부터 차근차근 설명하겠습니다.

유치원에서는 동화책을 읽은 다음, 관련 영상을 함께 보며 이야기를 더 풍성하게 확장합니다. 주말에 가족과 함께 있었던 일에 대해 사진들을 공유하며 이야기를 나누고 아이들이 관심을 보이는 주제 자료를 살펴보지요. 또 화산의 폭발이나 우주, 동물, 심해 생물의 생태계 이야기처럼 실제로 관찰하기 어려운 콘텐츠를 영상 자료로 체험합니다. 음악이나 율동을 배울 때나 놀이를 친구들에게 보여 주고 싶을 때도 동영상을 촬영해 활용하고, 직접 그린 그림으로 영상을 제작하는 등 창작 활동도 이어 가지요.

최근에는 다양한 앱을 활용해 배경을 합성할 수 있는 크로마키로 새로운 놀이를 만들기도 합니다. 심지어 다양한 나라의 음악과 문화를 미디어로 접하면서 시야를 넓히고, 검색 포털의 지도 서비스로 내가 사는 곳의 위치, 다른 나라와 문화에 대해 알아보기도 하지요. 이처럼 **디지털 기기의 콘텐츠를 바르게 지도한다면 아이의 흥미와 몰입도를 높이고, 시공간을 뛰어넘는 경험을 제공하는 유용한 놀이 친구가 될 수 있습니다.** 무엇보다 중요한 것은 '어떻게, 얼마나, 왜' 사용하는지에 대한 교사의 전문적 판단입니다. 그에 따라 유치원에서는 정해진 시간과 목표 아래에서 계획적이고 제한적으로 디지털 기기를 통한 콘텐츠를 활용합니다. 또한 아이들이 일방적이고 수동적인 태도로 영상을 시청하게 두는 것이 아니라, 보고, 말하고, 느끼고, 표현하는 활동과 연계하여 능동적인 학습 경험으로 이어지도록 구성하고 있습니다.

교사가 교육과정에서 디지털 콘텐츠를 활용하는 방법은 무수히 많습니다. 이해를 돕기 위해 실제 사용하는 방식을 예로

들어 볼게요.

첫째, 안전 교육 자료로 활용합니다. 유치원은 학교입니다. 그래서 아이들은 유치원에서 교육부가 지정한 '학교 7대 안전 교육'에 표시된 유치원 수준의 교육과정을 근거로 연간 총 51차시의 안전 교육을 받습니다. 이러한 안전 교육은 역할극과 동화 등을 포함해 다양한 방법으로 이루어집니다. 이때 실제 안전 문제와 관련된 영상 자료를 활용하기도 합니다. 예를 들어 지진이나 화재가 발생했을 때 대피하는 방법을 설명하려면 동화나 이야기로 풀어 나가는 것에 한계가 있지요. 이러한 상황에서는 시청각 자료가 매우 효과적이므로 불가피하게 영상 자료를 활용합니다. 이를 통해 아이들이 실제 상황을 더 잘 이해하고 대비할 수 있도록 돕습니다.

둘째, 서로의 경험을 공유하는 통로로 활용합니다. 아이는 누구보다 자기의 경험을 다른 사람과 나누는 것에 기쁨을 느끼는 존재입니다. 그런데 어른들처럼 편하게 뭔가를 찍고 저장하는 스마트폰을 가지고 다니는 일이 거의 없습니다. 그래서 아이가 자기의 경험을 나누고자 할 때 관련 영상이나 사진 자료를 쓸 수 있다면 더욱 풍성하게 자기의 경험을 이야기하고, 공유할 수 있지요. 잃어버릴 수 있는 종이 자료가 아닌 평생 간직할 수 있는 디지털 저장소에 말이죠. 그래서 아이들에게 교육과정과 연계된 디지털 기기 미션을 주기도 해요. 예를 들어 각 가정에서 아이와 함께 주말 동안 있었던 일을 사진으로 찍고 앱에 업로드 한 뒤, 유치원에서 그 사진을 보며 친구들 앞에서 발표하기도 합니다. 읽고 싶은 책을 PDF나 전자책으로 함께 읽어 보기도 하고, 미술 작품을 함께 감상해 보거나 좋아하는 노래를 뮤직비디오로 제작한 뒤 같이 보면서 불러 보는 경험도 합니다. 교사, 아이, 부모 모두에게 유익하면서도 의미 있는 경험이죠.

셋째, 디지털 기기를 도구로 활용하고 절제하는 역량을 기릅니다. 실제 아이들은 아날로그와 디지털이 융합된 세상에서 살고 있지요. 식당에 가면 키오스크가 있고, 부모들은 스마트폰으로 다양한 정보를 수집하고, 각기 다른 매체들을 보여 주거나 활용하기도 하며, 차량 탑승 시 내비게이션을 경험하기도 합니다. 실제 교육 현장에서는 아이들이 놓인 환경에 따라서, 또는 디지털 기기와 콘텐츠 접촉 빈도에 따라서 지식 습득과 활용의 교육적 격차가 보여, 섬세한 지도를 놓고 고민하고 있어요.

하루가 다르게 새로운 정보가 생겨나는 환경에서는 지식을 많이 머릿속에 넣는 것보다 **어떠한 정보가 나에게 유용하고 바른 정보인지 찾기 위해 무엇을 어떻게 활용해야 하는지 아는 것이** 더

욱 중요합니다. 알베르트 아인슈타인도 이런 말을 한 적이 있어요. "질문이 정답보다 중요하다. 만약 곧 죽을 상황에 처했고, 목숨을 구할 방법을 단 1시간 안에 찾아야 한다면, 1시간 중 55분은 올바른 질문을 찾는 데 사용하겠다. 올바른 질문을 찾고 나면 정답을 찾는 데는 5분도 걸리지 않을 것이다." 우리 아이들이 살아갈 세상이 바로 그런 세상입니다. 많이 아는 것이 중요한 것이 아니라, 무엇을 어떻게 찾고 물어야 하는지 잘 알아야 하는 시대. 그렇다면 교사는 교육과정에서 아이들이 이러한 경험을 일상에서 해 볼 수 있게 기회의 장을 열어 주어야 합니다. 예를 들면 '국립특수교육원'에서 제공하는 '무인 키오스크 앱'을 활용해 공공장소에서 제공되는 키오스크를 바르게 사용하는 방법 학습하기, 태블릿 PC를 활용해 교실 속 QR코드를 스캔해서 좋아하는 노래를 듣거나 친구의 사진을 감상하는 활동 등이 그러한 예시가 되겠지요.

Q 27. 유치원생인데 디지털 콘텐츠 활용이 효과가 있을까요?

유치원에서 디지털 콘텐츠를 활용한다는 것은 다양한 놀이를 할 수 있게 적절한 지원을 한다는 뜻이랍니다. 교육 활동 전반에 걸쳐 더욱 생동감 있게 경험할 수 있게 사용한다는 의미이기도 합니다. 요즘은 AI를 활용한 교육 플랫폼들이 여럿 있습니다. 아이들은 놀이하면서 필요할 때 앱을 누르거나 인공지능이나 AI를 활용해 다양한 디지털 콘텐츠를 이미 경험하고 있습니다.

예컨대 수족관 놀이를 하고 싶은 아이들과 이야기를 나눈다고 생각해 볼까요? 물고기의 사진을 보여 주는 것과 실제 대형 수족관에서 물고기들이 헤엄치고 먹이를 먹는 영상을 보여 주었을 때의 교육 효과는 하늘과 땅 차이랍니다.

지금 아이들의 세대는 태어났을 때부터 디지털 기기와 공존하는 세대로 '알파 세대'로 구분됩니다. 이 세대는 삶 속에서 무수히 많은 디지털 콘텐츠를 부모와 함께 경험하면서 성장하고 있습니다. 식당에서 사용하는 키오스크, 마트의 남은 주차 대수 표기 등 일상 곳곳에 디지털 기기가 자리 잡은 상황이니까요. 유치원에서는 이러한 세대 특성에 맞게 핵심 미래 역량인 '테크놀로지 역량'을 키워 주기 위해 디지털 기기와 콘텐츠를 적절하게 활용하여 '경험'할 수 있게 합니다.

요즘 AI를 '증폭기(amplifier)'라고 표현합니다. AI는 본질적으로 기존에 있던 능력, 정보, 구조를 '증폭'하는 도구입니다. 무언가를 '만들어 내는' 것이 아니라, 이미 존재하는 것을 더 크게, 빠르게, 넓게 퍼뜨리는 역할을 하죠. 이때 '만들어 내기' 위해서는 올바른 사용과 역할에 대한 이해가 선행되어야 합니다. 작은 경험의 차이가 시간이 흐른 뒤 매우 큰 격차로 나타나기 때문이죠.

예를 들어 디지털 기기를 오직 재미를 얻기 위해서만 사용한 아이는 이후 수동적으로 디지털 콘텐츠를 소비하는 '소비 습관'이 강화됩니다. 반면 디지털 기기를 활용하여 의미 있는 대화를 해 보고, "왜 이런 정보가 나왔지?"라고 생각하는 훈련을 거친 아이는 AI를 자신의 능력을 발산할 수 있는 하나의 '도구'로 활용할 줄 아는 능동적 태도를 지니게 됩니다. 동시에 무분별한 정보의 홍수 가운데에 있더라도 나에게 정말 필요한 정보를 선별할 수 있는 선별력이 길러지고, 창의적 문제 해결력이 강화됩니다.

다시 말하면, 유아기 디지털 경험은 단순한 '기기 노출 유무'의 문제가 아닙니다. 어떤 방식으로, 어떤 맥락에서, 누구와 함께 경험했는지가 훨씬 더 중요한 문제입니다. 작은 차이는 처음엔 거의 눈에 띄지 않습니다. 하지만 AI 시대에는 그 작은 차이가 AI를 '어떻게 쓰는 사람으로 자라나는가'로 이어지며 삶의 주도권, 학습력, 문제 해결력에 큰 격차를 만들어 냅니다. **변화하는 세상 속에서 무조건적으로 디지털 기기 사용 근절만을 주장하기보다 적절히 유용하게 잘 사용하도록 지도하는 데 의미를 두는 것이** 어떨까요?

교육학자 에드거 데일(Edgar Dale)의 '경험의 원추(Cone of Experience)'란 개념이 있습니다. 교육계에서 널리 쓰이는 이론인데요, 학습 경험은 직접 경험에서부터 추상적 상징까지 다양한데, 직접 경험일수록 학습 효과와 이해도가 높다고 설명하고 있습니다. 비록 가장 좋은 '직접적·목적적 경험'은 아니라고 할지라도, 디지털 기기를 적절히 사용하면 아이의 흥미를 더욱 상승하게 할 수 있는 것이죠. 놀이를 하면서도 그러한 사소한 차이는 분명히 드러난답니다.

E.데일 '경험의 원추'

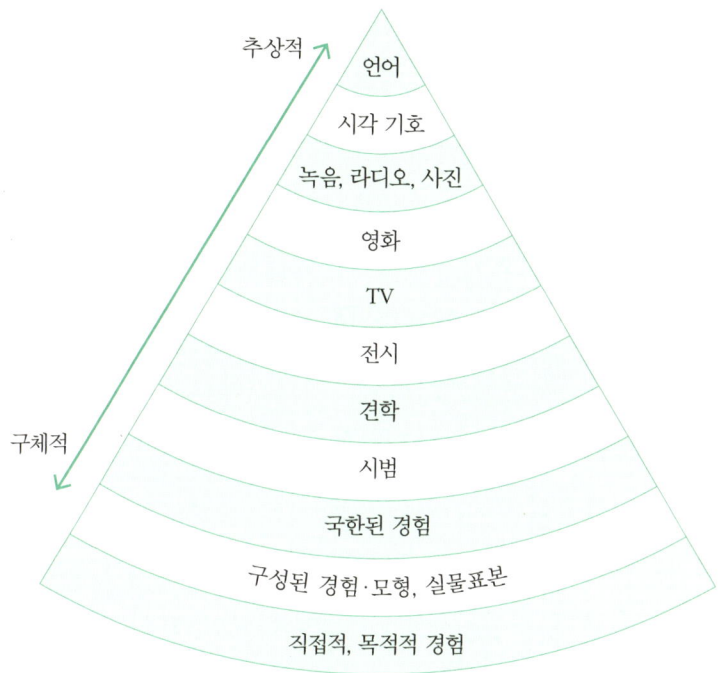

 물론 디지털 기기 노출에 대한 우려의 목소리도 작지 않습니다. 요즘 가정에서 아이를 디지털 기기에 전혀 노출시키지 않는 가정이 늘어나면서, 그에 따른 유치원에서의 적응 문제가 매우 현실적인 고민이 되고 있습니다. 교육학계에서는 이러한 문제들을 중요하게 수렴해 다양한 논의를 진행하고 있습니다.
 디지털 기기에 노출되지 않은 가정의 아이들이 유치원에서

기기를 접하게 되면 충격을 받을 수 있습니다. 예를 들어 아이가 처음으로 유치원에 와서 디지털 장비를 보거나 영상을 시청하면 낯설거나 불안해하는 모습을 보이는 겁니다. 하지만 반대로 과도하게 몰입하는 모습을 보일 수도 있습니다. 즉, 양극화된 반응을 보일 수 있는 것이죠. 머리에서 받아들이는 도식, 즉 스키마(schema)* 형성이 부족한 상태에서 자극을 접하다 보니 '감각 과부하' 현상으로 이러한 현상이 나타날 수 있다고 합니다.

가정에서도 이러한 현상이 나타나지 않게 준비해야 합니다. 교사와 상의해서 디지털 영상에 과도하거나 무분별하게 노출시키지 않는 것이 중요합니다. 그리고 교육적 내용의 영상을 1~2분 내외로 짧게 보게 하되, 아이가 영상을 시청하기 전에 "이런 것이 나올 건데 같이 볼까?", "재미있는 동화를 움직이게 만들었대." 같이 영상에 대해 미리 설명해 주는 것이 좋습니다. 또 영상을 시청하고 그냥 끝내 버리는 것이 아니라 기억에 남는 장면을 몸이나 그림으로 표현해 보게 하는 등 다양하게 교육으로 연계하는 것이 좋습니다.

세상은 변하고 있고, 이미 디지털 기기 없이는 해결할 수 없는 문제들도 생기고 있습니다. 아이들이 살아갈 미래는 어쩔 수 없이 '디지털 기기'에 노출될 수밖에 없으니, 디지털 기기에 완전히 접촉을 금지하는 것은 생각해 볼 문제입니다.

물론 이와 동시에 디지털 윤리 문제를 주의 깊게 살펴야 합니다. 얼굴이 보이지 않는 사이버 공간에서 함부로 내뱉는 말들, 저작권에 대한 이해가 부족해 무분별하게 사용하는 등 아이들도 불가피하게 수많은 윤리적 문제 상황에 직면하게 됩니다. 최근에는 유치원에서 이러한 디지털 윤리의식과 관련하여 다양한 방식으로 윤리 교육을 실천하고 있습니다. 유치원 수준에서 눈높이에 맞게 '기초적인 디지털 시민성'을 놀이 속에서 자연스럽게 길러 주고 있답니다.

첫째, 공유 예절입니다. 아이들도 디지털 기기를 활용하여 사진이나 영상을 촬영하기도 하는데 이때 지켜야 할 예절을 알려 주는 것입니다. 예를 들어 "친구에게 찍어도 괜찮은지 묻고 찍을까?", "친구가 허락도 없이 나를 마음대로 찍는다면 기분이 어떨까?" 하고 질문을 던져 보세요. 그리고 타인의 초상권이나 사생활 보호에 대한 기초 인식을 형성할 수 있는 이야기를 나누고, 실천하게 돕습니다.

둘째, 디지털 기기 사용에 대한 질서 지키기입니다. 디지털 기기가 많이 상용화되었다고 하지만 여전히 부족합니다. 이 때문에 아이들은 '질서'를 지키면서 기기를 활용해야 합니다. 이 과정은 배려와 공정에 대해 자연스럽게 익힐 수 있는 기회가 됩니다.

셋째, 현실과의 구분입니다. 과도하고 무분별하게 디지털 기기나 콘텐츠를 활용하다 보면 영상이나 게임 속 캐릭터와 현실의 차이를 구분하지 못할 수도 있습니다. 그래서 교육과정 중에 "이건 진짜일까?", "여기에서 진짜는 뭘까?" 등의 질문으로 진짜와 가짜를 구분하는 경험을 갖게 합니다.

넷째, 디지털 기기 사용에 대한 자기 조절 능력 기르기입니다. 디지털 기기만을 갖고 놀거나 활용하는 것은 올바르지 않습니다. 사용 시간을 조절하며 '자기 조절** 능력'을 기르고 디지털 기기에 과하게 의존하지 않게 지도합니다. 예를 들어 냉장고나 벽 면에 '디지털 사용 약속' 표를 붙여 두고, 아이와 함께 사용 시간에 대한 약속을 정하고 이것을 지키는 모습이 시각적으로 드러나도록 해 봅니다. 또한 정해진 시간 동안 올바른 콘텐츠를 사용할 수 있도록 휴대폰 앱의 잠금 기능을 선택하여 사용 시간을 조절하는 것도 도움이 됩니다.

유치원에서 디지털 기기를 무분별하게 사용하는 일은 없습니다. 교육적 목적에 맞춰 적절하게 사용하면서 아이들의 안전과 건

강한 발달을 최우선으로 고려하고 있습니다. 디지털 기기가 주는 긍정적인 면을 활용하기 위해 교사는 계속해서 효율적인 방법들을 연구하고 개발하고 있으니, 유치원에서 디지털 콘텐츠를 활용하는 것을 조금 더 긍정적인 시각으로 바라보면 어떨까요?

---

* **스키마(schema)** 아동의 인지 발달 이론을 만든 장 피아제(Jean Piaget)에 따르면, 스키마는 세상을 이해하고 해석하는 데 사용하는 '마음 속 틀', 즉 경험을 통해 형성된 지식의 구조를 의미한다. 아이들은 스키마를 '동화(assimilation)'와 '조절(accommodation)'을 통해 발전시킨다. 새로운 정보를 접할 때, 그냥 받아들이는 것이 아니라 이미 머릿속에 있는 스키마와 연결해서 이해하려고 한다. 즉, 스키마는 일종의 생각의 틀, 사고의 지도 같은 것이라고 할 수 있다.

** **자기 조절(self-regulation)** 자신의 감정, 행동, 충동, 생각, 주의집중 등을 조절하여 상황에 맞는 방식으로 반응하고 행동하는 능력.

Q 28. 학예회 같은 유치원 행사에 꼭 참여해야 하나요?

　유치원마다 아이들이 끼와 재능을 자유롭게 표현할 수 있는 다양한 행사들이 있습니다. 운동회, 생일파티, 문화 행사(크리스마스, 어린이날, 추석, 설날 등), 학부모 참여 수업 등이죠. 운동회는 아이들이 다양한 체육활동에 참여하며 신체 발달, 협동심과 사회성을 기를 수 있는 행사죠. 가족들과 함께 참여하여 가족 간의 유대감까지 강화할 수 있답니다. 생일파티는 아이들의 생일을 축하하는 행사로 친구들과 함께 즐겁게 지내며 사회성을 기를 수 있어요. 문화 행사는 다양한 전통 문화와 기념일을 기념하는 행사로 특별한 날의 의미와 특징을 배우고 경험합니다. 유치원의 고유한 행사는 우리 아이들의 사회성, 창의성, 신체적, 정서적 등 전인적 발달을 위해서 치러집니다.

　학예회 무대를 본 적이 있나요? 무대에 오른 자녀의 모습을 보면 정말 사랑스럽고 마음이 뭉클해지기도 하죠. 아이들이 준비한 무대를 마치고서 '선생님, 저 잘했죠?'라며 반짝이는 눈으로 바라보는 순간, 교사 또한 잊을 수 없는 감동을 받습니다. 아이들은 작은 성취를 반복해서 경험하면서 자기 효능감을 키웁니다. 학부모들의 환호와 박수갈채는 '나도 해낼 수 있다'는 확신을 심어 주죠.

학예회를 준비하는 기간은 또래끼리 양보하고 배려하고 기다리는 법을 알고 배우는 시간이 됩니다. 내가 맡은 일이 중요하다는 것을 자연스럽게 깨달으며 책임감도 느끼게 됩니다. 노래나 율동, 연극 등 다양한 학예회 무대에 서면서 자기만의 방법으로 감정을 표현하거나 상상력을 현실로 옮기며 표현력과 창의력이 자라나는 기회가 되기도 합니다.

그런데 보호자의 어릴 적 학예회는 조금 달랐을 거예요. 어쩌면 하고 싶지 않은 동작을 연습해야 하고, 친구들과 속도를 맞춰 습득해서 몸으로 표현해야 하는데 그렇게 못해서 눈총을 받거나 난처했던 기억이 있을지도 모르겠습니다. 즉 일부 아이들에게는 학예회가 행복한 추억을 쌓고 다양한 재능을 돋보이는 교육의 장이 될 수 있지만, 어떤 아이들에게는 이 시간이 너무 힘든 것이죠. 실제로 과거의 정형화된 학예회가 아니라고 하더라도, 지나친 경쟁을 요구하는 학예회로 진행돼 일부 아이들이 자신감을 잃거나 실패에 대한 두려움을 느끼기도 합니다. 학예회를 상이나 순위를 매기는 기회로 삼으면 준비 과정부터 아이들은 기대에 부응하기 위해 압박을 느낄 수도 있고, 완벽을 추구하다 보면 과한 스트레스를 받을 수도 있습니다. 무대에 서는 것이 부담스러운 아이라면 과도한 불안감 때문에 오히려 자신감 저하로 이어질 수 있지요.

이러한 여러 가지 이유로 요즘 유치원 학예회는 분위기가 많이 바뀌었습니다. 아이들의 특성과 성향을 우선으로 고려해서 학예회를 기획하죠. 콘서트 놀이나 아이들이 만든 미술 작품으로 다양한 전시회를 여는 방식으로 조율하는 경우도 있습니다. 학예회의 목적은 아이들이 사회에 자신을 표현하는 기회를 다양하게 제공하는 데 있으니까요. 유치원 교육과정이 놀이 중심 교육과정으로 바뀌면서 학예회도 자유로운 분위기에서 다양한 형식으로 진행되고 있답니다.

학예회를 비롯한 유치원의 행사는 우리 아이가 몰랐던 재능도 발견하고 친구들과 함께 하나의 목표를 이뤄 가는 기회로 이해해 주세요.

Q 29. 간식과 급식은 무엇이 다른가요?

쉽게 말하면 **완전한 한 끼 식사로 제공하는 것이 급식입니다. 보통 점심 식사를 급식으로, 등원 직후와 오후 하원 전에 간식을 제공합니다. 유치원에서 제공하는 급식은 영양사가 직접 관리하며, 식단표와 위생 관리를 지원합니다.** 유아교육법시행규칙 제3조(급식시설·설비기준 등)에 따르면 1회 급식 규모가 100명 이상인 유치원에서는 영양사 1명을 배치하며, 급식시설과 설비를 갖춘 2개 이상의 유치원이 가까이 있다면 같은 교육청 관할구역 5개 유치원이 공동 영양사를 둡니다. 단, 100인 미만의 어린이집, 유치원 등은 영양사 고용 의무가 없기 때문에 식품의약품안전처에서 '어린이 식생활안전관리 특별법'에 의거해 100인 미만의 유치원은 한 명의 영양사가 인접한 유치원을 공동 관리할 수 있습니다. 각 지역 급식관리지원센터에서 파견한 영양사가 일주일에 1~2회 방문 관리합니다.

영양사는 유치원에서 생활하는 우리 아이들의 성장 발달과 소화능력, 기호 등을 고려하여 균형 잡힌 급식과 간식 식단을 만듭니다. 염분, 당분, 지방 등의 과다 섭취를 피하고 건강한 식사를 할 수 있게 하죠. 이때 교육부(2017)가 제시한 유치원 급·간식 운영관리 지침서에 따라 만 3~5세 유아의 영양소 섭취 기준에 맞춰 영양을 공급하고 건강을 유지할 수 있게 식단을 계획합니다.

오전 간식과 오후 간식은 유치원마다 자율적으로 제공합니다. 보통 오전 간식 → 점심 식사 → 오후 간식 순으로 운영하고, 오전 간식은 아침을 먹지 않고 등원한 아이들을 고려하여 점심 식사에 영향을 주지 않는 양으로 오전 10시 전후에 일일 필요 총열량의 5~10% 수준으로 만들어 제공합니다. 오후 간식은 점심 식사와 저녁 식사 시간 사이가 비교적 길어서, 일일 총열량의 10% 수준으로 제공하며, 보통 점심 식사 후 오후 2시 전후에 줍니다.

급식이나 간식을 제공할 때는 사전에 파악한 식품 알레르기 같은 아이들의 개별 특성을 고려합니다. 특정 식품 알레르기가 있는 아이에게는 알레르기 유발 식품을 제외하거나 대체 메뉴를 제공하는 것이죠. 아이가 입소하기 전에 이상 반응을 경험

간식 식단 예시

구분	식품명
열량 급원 식품	샌드위치, 밀전병, 감자, 고구마, 밤, 옥수수, 주먹밥, 떡볶이, 와플, 빵, 케이크류, 호떡 등
단백질 및 칼슘 급원 식품	우유, 요구르트, 치즈, 달걀, 푸딩, 두유, 미숫가루, 두부구이 등
비타민 급원 식품	과일 주스류, 과일 쉐이크, 사과, 귤, 포도, 배, 복숭아, 감, 토마토, 참외, 수박, 채소 모둠 전, 채소나 과일 샐러드, 오이와 당근 등의 생채소 스틱 등

출처: 교육부(2017), 유치원 급·간식 운영관리 지침서.

한 적 있는 음식 재료나 메뉴를 사전 조사나 설문을 통해 파악합니다. 이후 재원하는 동안에 그 재료를 빼거나 대체한 음식을 만들어 줍니다. 증상이 심하면 생명을 위협할 수도 있으므로 아이가 알레르기 반응을 보이는 음식을 반드시 담임 교사에게 따로 알려주어야 합니다.

유치원의 간식과 급식 시간은 건강한 신체 발달과 충분한 영양을 공급하기에 중요합니다. 동시에 **아이들이 다양한 음식을 골고루 먹을 수 있게 돕고, 식사 시간 동안 올바른 식습관 교육이 이루어지는 시간이기도 합니다. 유아기에 형성된 식습관은 평생 영향을 미칠 수 있기에 유치원 간식 시간과 급식 시간은 중요한 교육과정 중 하나입니다.**

식품 알레르기의 주요 증상

식품 알레르기가 있으면 특정 음식을 섭취하거나 접촉할 때마다 피부, 호흡기, 순환기 등 다양한 기관을 통해 증상이 나타납니다. 원인 식품의 섭취량과는 관계가 없어 극소량을 먹더라도 증상이 심할 경우 생명을 위협할 수 있습니다.

피부	두드러기, 혈관부종, 아토피 피부염, 소양성 피부염
위장관	구토, 설사, 복통
호흡기	천식, 비염
전신적 및 기타	심혈관계, 구강 알레르기 증후군, 아나필락시스, 신경계

출처: 식품의약품안전처

식사 전에는 손 씻기, 배식 질서 지키기, 바르게 앉기, 친구들이 준비될 때까지 함께 기다리기, 감사하는 마음 가지기를 지도합니다. 식사 중에는 골고루 먹기, 꼭꼭 씹어 먹기, 다양한 맛 즐기기, 과식이나 편식하지 않기, 식기의 올바른 사용법, 함께 먹는 사람에 대한 식사 예절을 강조합니다. 마지막으로 식사 후에는 식사 후 주변 정리, 감사 인사, 양치질 잘하기를 교육합니다.

유치원 식습관 지도는 가정에서의 식습관과 연계될 때 가장 효과가 큽니다. 우리 아이가 유치원에서 잘 배운 식습관을 가정에서도 실천할 수 있게 해 주세요.

Q 30. 유치원에서 한글도 가르치나요?

유치원에 한글을 깨치고 오는 아이가 있어 보호자들이 간혹 이 부분에 대해 고민하시더라고요. 아이마다 기관마다 차이가 있지만, 기본적으로 유치원에서 언어 교육을 합니다. 다만 유치원의 언어 교육은 '한글을 완전히 뗀다'는 개념의 학습이 아니라 언어에 자연스럽게 노출되는 놀이와 활동 방식을 말합니다. 아이들의 발달 단계에 맞춰 한글의 기초를 익히고 흥미를 보이게 지도합니다.

요즘 전 연령에서 강조되고 있는 문해력에 대해 아시나요? 문해력이란 글을 읽고 이해하는 능력이에요. **유아기는 이러한 문해력의 기초를 기르는 시기랍니다. 음운론적 인식, 이야기 이해력, 어휘력, 소근육 운동, 기초 쓰기, 기초 읽기가 기초 문해력을 구성하는 요소입니다. 유아기에는 이 여섯 가지 요소가 탄탄하게 뿌리 내려 균형 있게 발달하는 것이 중요합니다.** 완벽하게 글을 읽고 쓰는 시기가 아니라는 것을 꼭 기억해야 합니다.

언어 학습에 필요한 6 요소

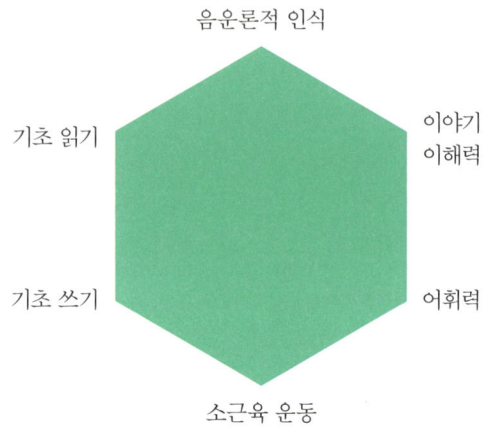

참고: EBS〈문해력 유치원〉, 최나야 등 〈균형적·통합적 유아 문해교육 프로그램이 유아의 기초문해력에 미치는 효과〉 인지발달중재학회지 vol. 13(2022)

그럼, 기초 문해력을 구성하는 여섯 가지 요소에 대해 살펴볼까요?

'**음운론적 인식**'이란 글자의 소리와 구성요소를 인식하는 것을 뜻해요. 예를 들면 소리와 그 소리의 구성 요소를 인식하고 조작하는 능력을 의미하는 거죠. ㄱ[기역]이 '그' 소리가 나서 ㄱ+ㅏ+ㅇ이 그+아+앙 = 강 소리가 나는 것을 이해하는 음소 인식과 사과가 '사'와 '과'라는 두 음절로 구성된다는 것을 인식하는 음절 인식 등 읽기와 쓰기를 배우는 데 필수적인 문해력 요소입니다.

'**이야기 이해력**'은 이야기를 듣거나 읽고 나서 사건의 흐름이나 문제 해결 과정, 등장인물 등을 파악하고 이해할 수 있는 능력이고, '**어휘력**'은 말 그대로 단어의 의미를 알고 문장에 적절하게 사용할 줄 아는 능력입니다.

문해력 구성 요소에 '**소근육 운동**'이 들어가는 것은, 연필을 잡고 긁적이고 글을 쓰는 것 같은 세밀한 작업을 하려면 소근육이 잘 발달해야 하기 때문이죠.

'**기초 쓰기**'는 글자를 구성하는 자음과 모음을 쓸 수 있는 능력을, '**기초 읽기**'는 자음과 모음을 연결해 단어를 읽고 문장을 이해하는 것을 가리킵니다. 그런데 이러한 기초 문해력의 여섯 가지 요소는 교과목 수업처럼 나눠서 교육할 수 없어요.

유치원에서는 아이들이 기초 문해력을 키울 수 있게 통합 활동을 합니다. 교사가 동화를 읽어 주고, 등장인물의 역할을 맡아 동극 활동(극놀이)을 진행합니다. 아이들이 이야기를 이해하고 등장인물 역할을 나눠 맡으면, 의사소통 능력이 자연스럽게 발달하기도 하죠. 선 따라 그리기, 선 따라 자르기, 놀이 자료 오리고 그리기 등의 활동은 소근육을 발달시키는 데 도움이 됩니다. 또 점선으로 된 글자를 따라 쓰기, 교사 글자 보고 쓰기 등 연령별 발달 단계에 따라 기초 쓰기 능력을 키우는 교육과정이 있습니다.

보통 유아의 언어 발달은 다음과 같이 진행됩니다. 만 3세는 2~3개 단어로 간단한 문장을 구성할 수 있어요. 예를 들면 "엄마, 물!", "책 읽어요." 같은 짧은 문장으로 말합니다. 특히 이 시기에는 "이거 뭐야?", "어디 가?" 같은 질문을 자주 하면서 간단한 대화를 나눌 수 있게 됩니다. 하지만 글자와 관련된 구체적인 쓰기 능력이 발달하지 않아서 단순한 선을 긋거나 점을 표시하기 시작하면서 필기구를 잡고 움직이거나 글자를 흉내 내는 시도도 하죠. 또 점차 본인의 이름이나 간단한 단어를 쓰기도 하고 주변에서 본 글자나 기호를 따라 쓰기도 합니다.

만 4세 유아는 어휘가 급격히 확장되고 과거-현재-미래 시제를 사용해 조금 더 복잡한 문장을 만들어 이야기합니다. 특히 시간(어제, 내일), 공간(위, 아래, 안과 밖) 등의 추상적인 개념을 이해하고 호기심으로 하루를 시작해 "왜?"라는 질문을 쏟아 냅니다. 또 점차 글자와 유사한 형태를 그리기 시작하고, 한글 자모, 숫자, 알파벳 모양을 모방하여 씁니다. 손의 소근육이 발달

함에 따라 연필을 비롯한 필기구를 더 잘 다룰 수 있어 정교한 모양도 그리게 됩니다. 하지만 글자를 쓴다기보다는 그리는 데 가까운 모습을 보입니다.

만 5세 유아는 접속사(그리고, 하지만, 그래서)를 사용해 복잡한 문장을 구성하며, 자기의 생각, 경험, 느낌을 말로 표현할 수 있습니다. 친구와 이야기할 때와 어른과 이야기할 때 사용하는 언어의 내용이 달라지는 등 상황에 맞게 조절하여 말할 수 있게 됩니다. 자기의 이름을 따라 쓰거나 모방한 글자를 실제로 쓰기 시작합니다. 한글이나 숫자, 알파벳을 보고 쓰거나 다양한 단어를 똑같이 따라 쓰거나 글자를 인식하고 소리와 연결해 단순한 낱말을 쓰기 시작합니다. 일부 아이들은 간단한 문장을 쓰기도 하며 어휘와 맞춤법에 대한 이해도 향상되기 시작합니다. 순서에 맞게 쓰기, 오른쪽에서 왼쪽으로 읽고 쓰기 등 한글을 이해하고 표현하는 시도가 계속됩니다.

언어 발달 속도는 아이들마다 다르지만 아이들은 성장하는 중입니다. 같은 나이라도 한 번에 긴 문장을 구사하는 아이가 있고, 조금 말수가 적더라도 천천히 말하는 아이도 있지요. 그래서 유치원에서는 아이들의 발달과 개인적 특성을 고려해 다양한 언어 교육이 이루어집니다.

Q 31. 퇴근 시간이 6시인데, 어린이집처럼 저녁까지 돌봐 주는 곳이 있나요?

유치원에도 아이 돌봄 서비스가 있어요. 유치원 정규 수업 이후 돌봄이 필요한 상황에서 이용할 수 있어요. 각 시도 교육청마다 운영 방식이 다를 수 있지만, 보통 국공립유치원의 기본 운영 시간은 오전 9시부터 오후 5시입니다. 연장 돌봄 사업을 운영하는 곳에서는 오전 7시 30분부터(아침 돌봄) 오후 7시 30분까지(저녁 돌봄) 총 12시간 동안 유치원에 머물 수 있습니다.

특히 **저녁 돌봄 프로그램은 오전 교육과정과는 달리 더 자유롭고 개별적인 활동으로 운영됩니다.** 친구들과 자유롭게 놀이하며 쌓기, 역할, 미술, 언어, 과학 등의 주제가 포함된 '놀이 활동'을 하고, 조용한 분위기에서 휴식을 취하거나 낮잠을 잘 수도 있습니다. 초등학교를 입학하기 전 만 5세 아이들은 간단한 학습 활동 시간을 갖기도 합니다. 더불어 운영 방침에 따라 저녁 간식이 제공되기도 합니다.

저녁 돌봄은 어린이집의 연장반처럼 유치원 내 안전한 공간이나 교실에 돌봄 전담 강사를 따로 배치해 아이들의 안전을 최우선으로 관리합니다. 앞서 있었던 활동이나 아이의 상태에 대해 피드백을 주기도 합니다. 저녁 돌봄은 아이가 익숙한 유치원 환경에 있는 것이기 때문에 보호자가 늦게 오는 상황에서도 안정감을 느낄 수 있다는 장점이 있습니다. 그러나 돌봄 시스템은 보호자의 불가피한 상황에 아이를 안전하게 보호하는 역할을 하지만, 유아 발달에 맞게 가정에서 양육할 수 있는 시스템으로 바뀌어야 할 필요가 있습니다. 따라서 집에서 아이의 상태를 주기적으로 관찰하고 필요할 경우 휴식을 충분히 취할 수 있도록 해 주는 것이 중요하다는 점을 꼭 기억해 주세요.

아이 돌봄 서비스는 양육 공백이 있는 가족을 위해 정부 지원을 받아 운영합니다. 맞벌이 가정, 한부모 가정(조손가족 포함), 장애 부모 가정, 다자녀 가정, 다문화 가정, 아동학대 피해 위기 아동 가정, 기타 양육 부담 가정 대상입니다. 단, 유아 학비를 지원받는 아이는 유치원 이용 시간(종일반, 반일제, 시간 연장제) 중에는 정부 지원을 받을 수 없습니다. 또 사립유치원은 각 원의 운영지침에 따라 운영 시간 및 신청 자격이 다를 수 있습니다.

Q 32. 맞벌이 가정만 방과후 과정을 신청할 수 있나요?

방과후 과정은 희망한다면 대부분 참여할 수 있습니다. 단 맞벌이 가정, 저소득 가정, 한부모 가정 등 돌봄이 필요한 아이의 참여를 우선적으로 보장합니다. 그런데 **유치원마다 수용 여건이나 운영 방침에 따라 신청 요건이 조금씩 다를 수 있습니다.** 같은 지역 내 유치원이라도 어떤 곳은 맞벌이 가정같이 특정 조건에 맞는 증빙 서류를 제출해야만 신청할 수 있는 반면, 또 어떤 유치원은 모든 아이가 방과후 과정 신청 대상이 되어 누구든지 신청할 수 있습니다.

유치원마다 대상이 다르니 우리 아이가 입학하고자 하는 유치원에 직접 문의하는 것이 가장 좋습니다. 그리고 그전에 방과후 과정이 무엇인지 정확히 알아 두면 더 좋겠죠?

방과후 과정이란

유아교육법 제2조 정의에 따르면,
교육과정 이후에 이루어지는 그 밖의 교육활동과 돌봄활동을 말합니다.

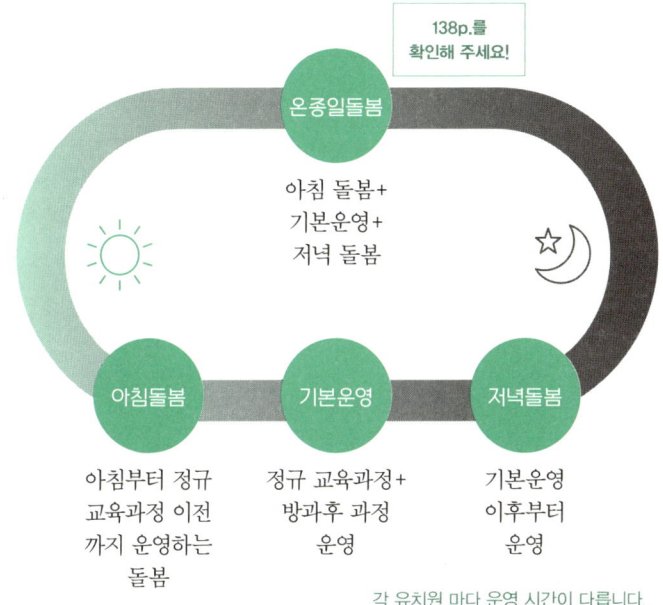

각 유치원 마다 운영 시간이 다릅니다.
유치원 알리미를 통해 확인하세요!

- **기본 운영 시간은?** 교육과정 4~5시간에 방과후 과정 시간까지 더해 총 8시간 이상 운영
- **운영 방법은?** 공휴일을 제외한 연중무휴로 운영되고 유치원별 수요 조사 결과를 반영
- **운영 내용은?** 유아·놀이 중심 교육과정과 연계한 교육활동과 돌봄 활동으로 구성

참고: 유치원 방과후 과정 운영 지원 자료

유치원은 유치원 여건과 운영방침에 따라 교육과정과 동일한 학습으로 운영하는 '독립 편성'과 참여 유아를 대상으로 학급을 재편성하여 운영하는 '오후 재편성' 두 가지 중 하나로 방과후 과정을 운영합니다.

> 우리 아이가 가려는 유치원의 방과후 과정 학급 편성에 대해 궁금하다면? 유치원 알리미 사이트에서 확인해 보세요! [유치원·어린이집 조회(검색창에 유치원 이름 검색) → 학급·교육 → 교육·보육과정] 클릭!

유치원 방과후 과정 운영 시간 예시

학급 편성(학급)			참여 유아 수(명)				유치원 방과후 과정 참여 유아 중 특수 교육대상 유아 수	교직원 수(명)			
교육과정과 동일한 학급으로 운영	방과후 과정 참여 유아를 대상으로 학급을 재편성하여 운영	계	독립 편성	오후 재편성	계			정규 교원	기간제 교원	전담사 등	계
2	-	2	40	-	40	-		1	-	1	2

유치원은 방과후 과정 운영으로 보호자들이 안심하고 일할 수 있도록 돕는 동시에, 아이들에게는 안전하고 교육적인 환경을 제공하는 역할을 하고 있습니다. 방과후 과정은 가정의 부담은 덜고 아이들의 건강하고 행복한 성장을 돕는 중요한 프로그램이니 필요하다면 잘 활용하세요.

Q33. 특성화 프로그램이 어떻게 운영되는지 궁금해요

우리 아이가 입학할 유치원을 선택할 때, 어떤 특성화 프로그램이 운영되는지와 프로그램이 얼마나 자주 진행되는지도 중요한 고려 사항입니다. 먼저 특성화 프로그램이 정확하게 무엇인지 알아볼까요?

특성화 프로그램이란 유치원 방과후 과정에서만 운영되는 활동으로, 아이들이 다양한 경험을 쌓을 수 있도록 돕는 활동과 수업을 말해요. 과학창의, 문화예술, 언어, 체육과 관련된 특별한 활동들로 구성되어 있답니다. **아이들의 발달 특성을 고려해서 지나친 학습 중심의 활동은 피하고, 놀이 중심 교육과정을 연계하여 운영되지요.**

유치원에서는 방과후 특성화 프로그램에 대한 연간 운영 계획을 세우고, 유치원 운영위원회에서 이 내용에 대해 심의와 자문을 받습니다. 보호자들도 함께 참여해서 프로그램의 활동 영역이나 운영 횟수, 특성화프로그램 수업료 등을 같이 정하고 있습니다.

유치원마다 특성화 프로그램에 대한 학부모 부담금이 발생할 수 있습니다. 특별한 경우가 아니면 대부분의 국공립 유치원에서는 부담금이 없습니다. 정확한 부담금 여부와 수업별 금액은 유치원 알리미에서 확인할 수 있습니다.

특성화 프로그램은 보호자와 아이들이 선택하여 자율적으로 참여할 수 있도록 운영되기 때문에, 유치원에서는 참여하지 않는 아이들을 위한 지원 계획도 마련하고 있습니다. 또 아이들이 편안하고 즐겁게 방과후 특성화 프로그램에 참여할 수 있도록 '1일 1개 활동 1시간 이내 운영'을 원칙으로 하고 있습니다. 이렇게 아이들이 편안하고 즐겁게 특성화 프로그램에 참여하고, 사교육비 부담이 과중하지 않도록 주의하고 있습니다.

방과후 특성화 프로그램 운영 수에 따른 장단점을 짚어 보겠습니다. 당연히 프로그램이 많은 유치원에 간다면 우리 아이가 다양한 경험을 하면서 재능을 발견할 수 있는 기회가 많아지겠죠. 하지만 여러 활동으로 인해 아이가 피로감을 느낄 수 있으며 한 가지에 몰입하기 어려울 수도 있습니다. 이에 반해 프로그램이 적은 경우에는 특정 분야에 집중할 수 있어 깊이 있는 경험과 탐색이 가능합니다. 하지만 선택의 폭이 좁아 우리 아이의 흥미에 맞는 프로그램이 없을 수도 있지요.

그래서 유치원에서는 특별한 활동만으로 방과후 특성화 프로그램을 운영하기보다는 대부분 아이와 보호자들의 의견을 반영하여 여러 아이들이 보편적으로 흥미를 가지고 참여할 수 있는 체육이나 만들기 같은 프로그램을 운영합니다. 이렇게 아이들은 재미있게 놀이를 하면서 각 분야에 대한 흥미를 키우고, 새로운 경험을 통해 배울 수 있는 기회를 가집니다. 자신만의 재능을 발견하고 즐겁게 성장할 수 있는 소중한 경험을 해 나가지요.

특성화 활동비 예시

구분	프로그램 운영 수	활동 영역	프로그램 명	업체명	주당 운영 횟수	1회 운영 시간(분)	월 학부모 부담금
만 3세	4	문화 예술	음악 놀이	코○코	1.0	25	0
		문화 예술	감각 놀이	○○아이 교육	1.0	30	0
		체육	신체 놀이	짐○○스	1.0	30	0
		언어	영어 뮤지컬	1인 사업자	1.0	30	0

구분	프로그램 운영 수	활동 영역	프로그램 명	업체명	주당 운영 횟수	1회 운영 시간(분)	월 학부모 부담금
만 4세	4	문화 예술	음악 놀이	코○코	1.0	25	0
		문화 예술	감각 놀이	○○아이 교육	1.0	30	0
		체육	신체 놀이	○○발레	1.0	30	0
		언어	영어 뮤지컬	1인 사업자	1.0	30	0
만 5세	4	문화 예술	음악 놀이	○○ 바이올린	1.0	25	0
		문화 예술	감각 놀이	○○아이 교육	1.0	30	0
		체육	신체 놀이	짐○○스	1.0	30	0
		언어	영어 뮤지컬	1인 사업자	1.0	30	0

참고 : 유치원 알리미 사이트

우리 아이가 입학할 또는 재원 중인 유치원 특성화 프로그램에 대한 내용과 비용이 궁금하다면? 유치원 알리미 사이트 [유치원·어린이집 조회 (검색창에 유치원 이름 검색) → 항목 중 비용·회계 → 교육·보육과정] 클릭!

Q 34. 유치원마다 방학 기간이 다른가요?

언젠가 인터넷 댓글에서 학생이 있는 가족이라면 공감할 만한, 웃기고 슬픈 글귀를 본 적이 있습니다. '교사가 미치기 전 방학을 하고, 부모가 미치기 전에 개학을 한다'. 동의하시나요? 그만큼 아이들을 교육하고 돌보는 일이 쉽지 않다는 의미가 반영된 말이겠지요.

방학이 왜 있는지 생각해 봅시다. 우리 아이들에게는 쉼의 권리를 보장하기 위해서 필요합니다. **감성 교육 면에서도 방학은 매우 필요합니다. 가까운 가족이 직접 돌보며 '나에게 집중해 주는' 시간을 통해 자아 존중감을 키우게 되지요.** 그러나 맞벌이나 보호자의 부재와 같은 현실적인 문제로 방학 중 돌봄이 어려운 가정이 많습니다. 이를 위해 유치원에서는 방학 중 방과후 과정, 돌봄 등으로 그 공백을 안전하게 매우기 위한 정책들을 적용하고 있습니다.

방학은 일주일에서 두 달까지 기관마다 매우 다릅니다. 법적으로 유치원은 180일 이상 운영하도록 되어 있고 그 기간 외에는 모두 방학으로 설정해도 무방합니다. 그러나 현장에서는 평균 190일 내외로 일반 초등학교보다 많은 수업 일수를 운영하기도 합니다. **방학 중에는 평소와 달리 다양한 특별활동과 휴식 시간을 운영합니다. 방학 기간은 교육과정 기간이 아니므로 수업이 아닌 돌봄에 해당합니다.** 방학 중에 교원들은 학기 중 사용하지 못한 연차 휴가를 쓰거나 역량 교육을 받기도 합니다. 유치원 정교사 승급교육과정을 밟고, 대학원 등에서 연구 활동을 할 수도 있습니다. 그래서 방학 중 돌봄은 담임 교사가 아닌 다른 학급의 교사 또는 대체 강사가 아이들을 돌보기도 합니다.

최근에는 방학의 의미가 무색할 만큼 유치원의 돌봄 역할이 막중해졌습니다. 아이들이 집에서 심심한 것보다 유치원에서 재미있게 노는 것이 좋다는 이야기도 듣곤 합니다. 교사로서는 방학 기간 동안에는 아이들이 가정에서 쉼을 누릴 수 있도록 함께 노력하자고 이야기하고 싶습니다. 아이들은 심심할 때 생각하고 탐구하는 힘이 길러집니다. 무엇보다 가장 중요한 것은 가족과 함께하는 시간입니다. 특별하고 대단해 보이는 체험이나 여행을 함께하지 못하더라도 상관 없어요. 보호자, 형제자매와 함께할 때 아이들은 정서적 안정감과 유대감을 채워 나갑니다. 하지만 맞벌이로 인해 아이들과 함께하는 시간을 보내지 못한다고 죄책감까지 느끼지 마세요. 대신 우리 아이들을 먼저 생각하는 사회가 되도록 함께 목소리를 높이면 좋겠습니다. 같은 자리에서 유치원과 교사들 역시 최선을 다하고 있겠습니다.

Chapter 4

유치원은 학교라는 것을 체감하는 시기가 옵니다.
아이들이 친구들과 웃고 떠들며 즐겁게 보내는 동안
언어는 물론 창의력과 사회생활 능력도 자라고 있습니다.
어떤 것을 경험하고 배우고 있는지, 그리고 가정에서
어른들이 어떻게 도와야 할지 차근차근 알려드립니다.

유치원에서의 배움

Q 35. 만날 같은 그림책만 읽는데 괜찮을까요?

걱정하지 마세요. 우리 아이가 같은 그림책을 반복해서 읽고 싶어 하는 것은 매우 자연스러운 행동이에요. 교육적으로도 좋은 신호거든요. 어떤 점이 좋을까요?

- **안정감과 친숙함**
  아이들은 익숙한 이야기를 반복해서 읽는 것에 안정감을 느낍니다. 내용과 결말을 이미 알고 있기 때문에 이 과정에서 편안함을 느끼고 즐거움을 찾습니다.
- **이해력 증진**
  같은 이야기를 반복해서 읽고 들으면서 이야기를 더 깊이 이해하게 됩니다. 또 이야기의 세부적인 부분이나 등장인물의 감정, 사건의 흐름 등을 더 잘 파악하게 됩니다.

- **언어 발달**

  반복적으로 같은 책을 읽으면 단어와 문장의 구조를 익히고 새로운 어휘를 학습하는 데 도움이 됩니다. 또 이야기의 내용, 문장, 특정 단어를 기억하고 반복하며 언어가 발달하게 됩니다.

- **감정 표현과 공감**

  이야기 속 등장인물의 감정과 상황을 반복해서 접하다 보면 아이들은 자연스럽게 공감 능력이 발달되며 자신의 감정을 표현하는 언어적, 비언어적 방법을 배우게 됩니다.

- **상상력과 창의력**

  이미 알고 있는 이야기의 내용을 바탕으로 아이들이 상상력을 활용해 이야기를 재구성하거나 다른 결말로 이어 짓는 등 창의적인 사고를 발달시킬 수 있습니다.

긍정적인 반응을 보여 주세요

아이가 같은 책을 읽고 싶어 할 때 "우리 ○○이가 책 읽는 걸 무척 좋아하는구나!"라며 긍정적으로 반응해 주세요. 독서에 대한 긍정적인 태도를 심어 줄 수 있어요. 그렇다면 책을 통해 배우고 성장하는 아이가 될 거예요.

다양한 질문을 유도해 보세요

책을 읽을 때 이야기와 관련된 다양한 질문은 아이의 사고력과 상상력, 언어발달, 인지능력 등을 자극할 수 있습니다.

질문하기 ▶ 아기 돼지 삼형제는 무엇을 하고 있어?

인정하기 ▶ 집을 짓고 있었구나.

확장하기 ▶ 셋째 돼지가 가장 튼튼하게 지었네?

반복하기 ▶ 누가 가장 튼튼하게 집을 지었지?

상상하기 ▶ 다음에는 어떤 일이 일어날까?

등장인물의 마음 생각해 보기 ▶ 첫째 돼지의 집이 날아갔을 때 어떤 마음이었을까?

책을 꼭 읽지 않아도 좋아요

책으로 탑 쌓기, 찢어져서 못 쓰는 책의 그림을 오려 콜라주(여러 재료를 잘라 붙여 만드는 기법) 만들기, 책을 병풍처럼 펼쳐 놓고 집 만들기, 책 도미노 등 책과 친해지는 경험부터 시작해 보세요.

우리 아이가 조금씩 책과 친해졌다면 이렇게 읽어 볼 수도 있어요. 그림책은 앞표지와 면지, 속표지, 본문, 뒷표지로 이루어져 있어요. 그림책의 표지부터 살펴보면서 어떤 내용일지 상상해 볼 수 있어요. 또 앞표지와 뒷표지가 하나로 연결된 경우도 있어 크게 펼쳐서 하나의 장면으로도 볼 수 있답니다. 그림책의 면지에는 주인공이 등장하거나 그림책의 예고편이 되기도 하고, 중요한 그림이나 상징물이 패턴으로 나타나기도 해요.

앞표지부터 뒷표지까지 그림이 하나로 연결된 책(위 《나는 어떤 아이일까》).
표지 안쪽 면지에 재밌는 일러스트가 그려진 그림책(아래 《나한테 좋은 생각이 있어》).

그림책은 글자와 그림, 주인공, 배경, 주제, 형태와 디자인(책의 크기, 표지 등)으로 구성됩니다. 같은 책이라도 글자에 집중해 보거나 숨어 있는 그림을 찾아본다거나 다른 목소리로 연기하며 읽는 것처럼 색다른 방식으로 책의 요소를 탐색해 볼 수 있습니다.

또 보호자가 한 줄, 아이가 한 줄 이렇게 번갈아 가며 한 줄씩 읽어 주기, 책에서 내 이름과 똑같은 글자 찾기, 등장인물 상상하며 목소리 흉내 내기 등 놀이처럼 책을 읽다 보면 어느새 책 읽는 시간이 즐거워질 거예요.

☰ 새로운 책을 제안해 보는 건 어떨까요?

아이에게 책을 선택할 기회를 제공해 보세요. 가까운 도서관에서 함께 책을 빌리거나 서점에서 구매하고 싶은 책을 골라서 보는 것도 책에 흥미를 느끼는 기회가 됩니다. 요즘에는 인터넷 서점을 많이 이용하죠? 책을 만지거나 견본 도서의 책장을 넘겨 볼 수는 없지만, 표지와 제목을 비롯해 도서 정보를 보고 이야기를 상상해 볼 수도 있고, 책이 우리 집까지 배송될 때까지 설렘과 기대감을 경험하게 할 수 있답니다.

Q 36. 자신이 없는 활동을 빨리 포기해요

 미술 수업 중에 이렇게 울먹이는 친구를 보곤 해요. "난 사람 잘 못 그리는데. 안 할래요. 하기 싫어요." 교사로서 안타까운 마음이 듭니다. 보호자도 마찬가지겠지요. 어떤 것이든 시도하지도 않고 머뭇거리며 못 하겠다고 할 때, 어떻게 응해야 할지 몰라 답답하기도 할 겁니다. 아이는 왜 이러는 걸까요?

 아이가 무언가를 포기하는 이유는 자아존중감과 깊은 관련이 있습니다. 자아존중감은 '자기 자신을 존중하고 소중히 여기는 마음의 힘'입니다. 아이들은 '소소한 성공'을 반복해서 경험하면서 "나도 할 수 있구나!"라고 생각하게 됩니다. 그렇게 자신을 긍정적으로 인식하면서 자아존중감(자존감)이 자랍니다.

 반면 자아존중감이 낮은 아이는 '내가 저번에 도전했을 때 졌는데……' 또는 '이번에도 실패할 거야.'라는 두려움이 있습니다. 그러면 작은 실수에도 수치심을 느낄 수 있고, 실패하거나 질 것 같은 위기감을 감당하는 것이 불편합니다. 그래서 '도전'보다는 '포기'를 택하면서 '그래도 진 것은 아니니까 괜찮아.'라고 자신을 위로합니다.

그렇다면 도전을 두려워하지 않는, 자존감 높은 아이로 자라나게 하려면 어떻게 해야 할까요?

첫째, 매일매일 '소소한 성공'을 경험하게 해 주세요. 아이가 도달할 수 있는 수준의 성공 목표를 아이와 함께 이야기하여 정하고 실천해 보세요. 목표를 함께 정하면 아이가 더 잘 지키려고 노력합니다. 작지만 매일 하는 성공의 경험이 쌓이다 보면 아이는 "나도 할 수 있구나! 조금 더 어려운 것도 도전해 볼까?" 하는 자신감이 생기게 됩니다. 작은 성공을 경험한 아이는 조금 더 어려운 것에 도전할 힘을 얻게 됩니다.

둘째, 아이에게 자율성을 주고 기다려 주세요. 아이가 스스로 생각하고 행동할 수 있게 기다려 주는 시간이 필요합니다. 조급해서 무엇이든 대신 해 주면 아이는 스스로 해낼 수 있는 기회를 잃게 됩니다. 보호자가 모든 것을 해결해 주는 것이 아니라 아이에게도 역할과 책임을 나누어 주어야 합니다. 교사는 아이가 색칠을 어려워하면 "선생님이 네모 칸을 색칠해 줄게, 나머지는 ○○이가 해 볼래?"라고 제안합니다. 이 시기의 아이

아이와 함께할 수 있는 작은 목표

- 줄넘기를 시작하는 아이:
  줄넘기를 뒤에서 앞으로 넘긴 다음, 폴짝 뛰어 00번 넘기
- 그림 그리기를 어려워하는 아이:
  엄마가 그려 준 얼굴의 눈 또는 코만 그려 보기
- 정리를 어려워하는 아이:
  내가 가지고 논 장난감 중 블록만 혼자 정리하기
- 그림책 듣기에 집중하지 않는 아이:
  그림책을 읽고 기억나는 단어 세 개 말해 보기
- 편식하는 아이:
  오늘의 '도전 반찬!'을 정해 00번 먹어 보기

에게 필요한 것은 시간이 걸리더라도 스스로 해 보는 '경험'이라는 걸 기억해 주세요.

셋째, 아이가 성공했다면 '구체적으로' 칭찬해 주세요. 포기하지 않는 아이를 만들려면 칭찬해 주는 것이 정말 중요합니다. 하지만 모든 칭찬이 좋은 것은 아닙니다. 결과를 강조하다 보면 아이는 자신을 남과 비교하게 되고, 보호자가 원하는 결과에 미치지 못할 것 같으면 쉽게 포기하려 할 수 있습니다. 따라서 과정을 격려하는 것이 올바른 방법입니다.

또한 즉각적이고 상황을 구체적으로 이야기해 주는 칭찬이

좋습니다. 예를 들어 아이가 전보다 그림을 잘 그렸을 때, "그림 잘 그렸네!"같이 결과를 평가하는 말보다는 "○○이가 예전에는 사람 얼굴을 그릴 때 눈, 코, 입만 그렸는데 열심히 연습하니까 이제는 머리카락이랑 귀도 그릴 수 있게 되었구나."라고 하는 것이 더 좋습니다. 맞아요. 어색하고 쉽지 않은 일이지만 해야 합니다. 어른들도 칭찬하는 연습이 필요해요. 이런 말을 들은 아이는 "우와, 내가 그림을 자꾸 그려서 그림이 점점 멋있어지나 봐." 하며 스스로 성장하고 있음을 자랑스러워하게 될 거예요. 상황에 따라 아래와 같이 칭찬해 보세요.

- 아이가 장난감을 스스로 정리했을 때
  "정리하는 게 힘들었을 텐데, 끝까지 정리 다했네~.
  정말 끈기 있다!"
  "블록은 여기에, 자동차는 여기에 나누어서 정리했구나?
  혼자서 방법을 생각해서 정리한 게 대단하다."

- 먹기 싫은 음식을 먹어 보려 노력할 때
  "한입이라도 먹어 보려는 용기가 멋지다."
  "한입 먹은 것도 큰 도전에 성공한 거야. 몸이 더 건강해지겠다!"

- 차례를 기다릴 때
  "기다리는 게 쉽지 않은데 잘 참았네."
  "빨리 하고 싶었을 텐데 기다려줘서 고마워."

Q 37. 자기의 생각과 감정을 말하지 못해요

　자기의 의견이나 감정을 말하기. 어른들도 힘든 일이지요? 게다가 보호자가 감정 표현이 적거나 다양하지 않다면 아이는 더욱 어려울 거예요. 공감받고 공감하는 것이 중요하다는 사실은 잘 알고 있지만, 어떻게 가르쳐야 할지 난감하시죠?

　그러나 자기의 생각과 감정을 표현하는 것을 훈련해야 하는 이유는 뚜렷합니다. 감정 표현을 잘하면 마음이 편안한 아이가 되기 때문입니다. 아이들은 다양한 감정을 느끼고 여러 방법으로 표현하면서 감정을 교류하는 경험을 해야 합니다. 자기의 감정을 알아야 나아가 다른 사람의 감정에도 공감할 수 있으니까요. 그래야 주변 사람들과도 건강한 관계를 맺으면서 성장할 수 있습니다.

　먼저, 다양한 감정 단어를 가르쳐 주세요. 감정은 느끼는 건데 가르치라니, 무슨 말일까요? 아이들은 어떻게 표현해야 할지

'몰라서' 못하는 경우가 많습니다. 눈물이 나는데 화가 나서 그런지 슬퍼서 그런지 모르거나, 내가 느끼는 감정을 어떤 단어로 말해야 하는지 몰라 마냥 울거나 "싫어!" "짜증 나!" 라는 말로 모든 감정을 표현하곤 합니다. 일상에서 아이가 행복, 화남, 슬

감정 카드 보며
내 기분 고르기

감정 단어에 맞는
얼굴 표정 그리기

유치원, 무엇이든 물어보세요

품, 서운함, 두려움과 같은 다양한 감정을 느낄 때, 그 순간을 포착하여 표현할 수 있는 단어나 표현 방법을 가르쳐 주세요. 예를 들어 "친구가 네 마음을 알아주지 않아서 서러웠겠구나.", "스스로 양말을 정리했네? 엄마를 도와줘서 고마워.", "이사 오기 전 친구들이 보고 싶고, 그리운 마음이구나." 이런 식으로요.

다양한 감정이 표현된 그림책을 함께 읽는 것도 좋습니다. '오늘의 마음 날씨는 어때?'라고 물으며 오늘 내 기분을 표현하게 도와주세요. 말로 표현하기 어려운 아이는 색깔 카드를 보며 오늘 감정은 여러 색깔 중 어떤 색깔인지 함께 골라 보거나, 감정 단어에 맞는 얼굴 표정을 함께 그려 보는 것도 좋아요.

예술 활동을 함께하는 것도 도움이 됩니다. 꼭 말로만 감정을 표현할 수 있는 것은 아닙니다. 다양한 예술 활동으로도 감정 표현을 할 수 있습니다. 그림을 그리며 기분을 색깔로 표현해 보게 한다거나, 노래를 부르거나 춤을 추는 등 아이가 좋아하는 예술 활동으로 즐거운 놀이처럼 감정을 표현하면서 자연스레 학습할 수 있습니다.

아이의 감정을 있는 그대로 받아들이고 공감해 주세요. 보호자는 아이가 언제나 밝고 행복하기를 바라는 마음을 가지고 있지요. 그래서 아이의 밝고 좋은 모습은 칭찬하지만, 화를 내거나 짜증을 내는 부정적인 모습은 불편해하거나 혼내기도 해요. 만약 남자아이가 슬퍼서 울고 있을 때, "남자는 우는 거 아니야" 같은 반응을 보인다면 어떨까요? 앞으로 그 아이는 슬픔이라는 감정을 자유롭게 표현할 수 없게 됩니다. 따라서 "지금 슬픈 마음이 드는구나. 마음을 말로 이야기 해 주어서 너의 마음을 알 수 있게 되었어. 이야기해 줘서 고마워."와 같이 어떤 감정이라도 안전하게 표현할 수 있게 하는 것이 중요합니다.

어떤 아이들은 '좋아', '즐거워' 같은 긍정적인 감정 표현을 잘하는데, '싫어', '불편해' 같은 부정적인 감정 표현은 못 하기도 합니다. 평소 친구들에게 잘 양보하고 어른의 말을 잘 듣는 소위 '착한' 아이들이 이럴 경우가 많습니다. 그러다 보니 한편으로는 우리 아이가 혹시 친구들에게 휘둘리지는 않을지, 속으로 상처받고 있는 것은 아닌지 염려될 수 있습니다.

우리 아이가 안 좋은 일이나 불만, 불편함이 있어도 속으로 삭이면서 표현하지 못한다면 가정에서 아이가 의견과 주장을 잘 표현할 수 있도록 도와주세요. 일단 아이가 보호자의 요구나 부탁을 거절할 수 있어야 하거든요. 자기표현은 연습해야 잘할 수 있어요. '거절'은 상대방에게 상처를 주는 나쁜 행동이 아니라 자신을 보호하기 위한 안전선이라는 점을 알려 주세요.

무엇보다도 아이에게 "사랑해", "고마워", "아빠도 속상했어."라며 다양한 감정의 언어를 들려주세요. 보호자에게 다양한 감정 단어와 표현을 들으며 자라는 아이는 자연스럽게 다양한 감정을 느끼고 표현하는 아이로 자라게 될 테니까요.

---

* **감정 표현에 도움이 되는 그림책**
《좋아, 싫어 대신 뭐라고 말하지?》 송현지, 이야기공간
《내 마음은 소중해》 마음챙김놀이터, 피카주니어
《감정에 이름을 붙여 봐》 이라일라, 파스텔하우스
《화가 나면 열을 세어 봐》 앨리슨 스체친스키, 다봄

Q 38. 우리 아이가 친구를 따돌리고 못된 말을 해요

"난 너랑 놀기 싫은데?", "너는 놀이터에 오지 마.", "우리끼리 놀 거야.", "얘들아. 우리 ○○이는 키즈 카페에 초대하지 말자." 우리 아이가 이런 말을 한다면? 상상만 해도 힘든 일이에요. 놀이터에서 친구를 따돌리는 말을 하거나, 배척하는 모습을 보면 당황스럽습니다. 화나고 걱정도 되고 이러다 학교에 가서 행여 학교 폭력의 '가해자'가 되는 것은 아닐까 하는 불안까지 이르면 먹먹해집니다.

보통 통제적 성향이 큰 아이들이 이러한 말을 많이 합니다. 통제적 성향이란 '상황이나 태도를 자기 뜻대로 움직이려고 하는 태도'를 말합니다. 자기가 하고 싶은 대로 놀려고 하죠. 또 놀고 싶지 않은 친구가 있을 땐 "쟤랑 놀지 말자."라며 배척합니다. "야, 너 저기 가서 색종이 가져와."라고 친구에게 지시나 명령을 내리기도 하고요. 역할 놀이를 할 때도 자기주장이 강해서 "넌 엄마 하고, 넌 이모 해."라며 친구들의 의견을 듣지 않고 자기 마음대로 역할을 정하기도 합니다. 왜 이런 모습이 나타날까요? 이 아이들은 내면에 안정감이 부족하고 불안감이 있어 모든 상황이 내 뜻대로 흘러가야 안심이 됩니다. 또한 자신감이 부족하여 내가 생각한 것과 다른 방법으로 하면 실패할 것 같은 두려움이 생기기도 합니다. 나쁜 성격이라기 보다는 상황을 스스로 조정해야 마음이 편한 아이의 '특성'입니다.

먼저, 부모는 아이를 이해해야 합니다. 통제하려는 성향이 큰 아이들은 내면이 불안하거나 자신감이 부족합니다. 그러므로 아이 내면에 어떤 불안이 숨어 있는지, 왜 우리 아이가 자신감이 부족한지를 먼저 들여다보아야 합니다. 아이와 대화할 때 행동을 비난하기보다 마음을 이해하려는 것에 초점을 맞추어야 합니다. 예를 들어 "네가 왜 친구랑 놀고 싶지 않았는지 궁금해.", "네가 친구를 놀이에 안 끼워 주고 싶었던 게 혹시 그 친구랑 놀면 답답해서 그래? 아니면 그 친구한테 화가 났어?" 하면서 물어보세요. 질문을 통해 왜 친구를 따돌리려고 했는지, 그 감정이 불편함인지 불안인지, 두려움이나 화인지를 아이가 발견하고 깨달을 수 있답니다. 이때 보호자는 "네가 그때는 친구와 같이 놀고 싶지 않았구나. 그런 마음이 생길 수 있어."라고 아이의 감정에 공감하고 행동을 지적하는 대신 존중해서 안정감을 주어야 합니다.

올바른 방법으로 상대에게 물어보는 법을 가르치세요. 아이의 마음을 공감해 준 후에는 아이가 자기 마음을 조절하고 표현하는 방법을 찾을 수 있게 도와야 합니다. 예를 들어 "혼자 놀고 싶을 때는 친구에게 뭐라고 말하면 좋을까?"라고 질문하며 함께 대화한다면 좋겠지요. 친구들에게 지시하거나 명령하는 말을 자주 한다면, 보호자가 모델링을 통해 본보기를 보여 줍니다. "색종이 가져와." 대신에 "색종이 좀 가져다줄 수 있을까?"라고 청유형으로 말하는 것이 낫다고 알려 주세요. 가장 좋은 방법은 보호자가 일상에서 꾸준히 실천하는 겁니다. 아이에게 "방 정리해!"라고 말하는 것이 아니라 "가지고 논 장난감은 스스로 정리해 줄래?"라고 대화하며 올바른 질문 방법을 자연스럽게 익히게 모델이 돼 주세요.

무엇보다 누군가를 따돌리는 행동은 '옳지 못한 행동'임을 알려 주세요. 아이가 "우리 쟤랑 놀지 말자." 하면서 따돌림을 선동한다면 어떻게 해야 할까요? 이때에는 "너는 ○○이와 놀기 싫은 마음이 들 수 있고 ○○이와 놀이하지 않아도 괜찮아. 하지만 다른 친구들은 ○○이와 놀고 싶을 수 있어. 너와 마음이 다를 수 있기 때문에 ○○이와 놀지 말라고 이야기하는 건 절대 해서는 안 되는 행동이야."라고 단호하게 알려 주어야 합니다.

친구들과 좋은 관계를 유지하기 위한 규칙을 정하세요. 친구를 괴롭히거나 따돌리는 행동은 어떤 행동인지 아이와 함께 이야기 나누며 목록을 적어 보는 것도 좋은 방법입니다. 또 누가 나에게 못되게 굴거나 나와 같이 놀아 주지 않으면 어떤 기분인지 이야기를 나누어 보는 것도 따돌림을 당하는 친구의 입장을 공감해 볼 수 있는 방법입니다.

누군가를 따돌리는 행동은 상대의 영혼에 상처를 주는 옳지 못한 행동입니다. 그러나 아이는 얼마든지 변할 수 있습니다. 친구를 따돌리거나 자기 마음대로 통제하려고 하는 아이는 더욱 관심이 필요한 아이라고 이해해 주세요. 그리고 더욱 사랑을 주고 아이를 믿어 줄 때 아이는 변화의 첫걸음을 내딛게 될 것입니다.

Q 39. 아이가 거짓말을 해요

　아이들의 거짓말은 무궁무진합니다. 놀이공원 사진을 보고 "나 저기 100번 가 봤는데!"라고 자랑하는 귀여운 거짓말부터 친구를 밀치고서 "쟤가 먼저 때렸어요!"라고 의도성이 다분히 보이는 거짓말까지, 아이들은 생각보다 자주 거짓말을 합니다.

　당황스럽겠지만, 먼저 '아이가 왜 거짓말을 했을까?' 생각해 보세요. 쉬운 일은 아니지만, 아이를 이해하려고 노력해 보세요. 아이가 상상인지 현실인지 모르고 상상을 현실처럼 이야기했거나 관심을 받기 위해서 거짓말을 했을 수도 있어요. 이 경우에는 무작정 혼내지 마시고 '상상과 현실을 헷갈려서 잘못 얘기한 거구나.', '관심받기 위해 거짓말을 했구나.'라고 생각하고서 아이의 마음을 헤아려야 합니다.

　그러나 의도적인 거짓말이 반복된다면 어떻게 해야 할까요? 이때도 **비난하거나 혼내지 않고, 아이와 눈을 맞추고 이야기를 끝**

까지 들어 주세요. 보호자 스스로 되돌아 봅시다. "혼내지 않을 게. 솔직하게 이야기해 봐."라고 하고서 아이가 잘못을 솔직하게 이야기하면 크게 혼내진 않았나요? 아이의 말을 끝까지 차분하게 들어 주기보다는 아이 말을 끊고 화부터 내진 않았나요?

어른도 자기의 잘못을 고백하려면 두근거리고 떨리기 마련입니다. 아이들은 더 불안하고 초조하겠지요. 아이와 눈을 맞추고 미소를 짓고 고개를 끄덕여 주면서 편안한 분위기를 조성하세요. 그리고 아이의 이야기를 끝까지 경청하세요. "우리 엄마는 내가 무엇이든 말해도 다 들어 주는구나."라는 믿음이 생길 때 아이는 비로소 자기의 이야기를 솔직하게 말할 수 있게 됩니다.

둘째, 아이가 스스로 설명하면서 거짓말이 잘못된 것임을 깨닫도록 기회를 주세요. "너 왜 거짓말한 거니?", "아빠는 다 알고 있으니까 솔직하게 얘기해."처럼 취조하듯 묻기보다는 "네가 말한 것과 아빠가 알고 있는 사실이 다른 것 같은데, 설명해 줄 수 있어?"라며 이미 다 알고 있다는 전제 아래 차분하게 대화하는 것이 중요합니다. 아이의 솔직한 이야기를 들은 후에는 격려하는 것도 중요합니다. "네가 그래서 사실과 다른 이야기를 했구나. 지금이라도 솔직하게 말해 줘서 고마워."라고 말입니다.

셋째, 솔직하게 진실을 말하는 것이 중요하다는 사실을 알려주어야 합니다. 예를 들어 "거짓말을 하면 어떤 기분이 들어?", "거짓말을 하면 너의 마음도 불편하고 떳떳하지 못할 거야. 그리고 다른 사람도 속상할 수 있으니 솔직하게 말하는 것이 중요해."라고 말이죠. 아이는 자라는 과정 중에 있습니다. 아이들의 거짓말을 나쁘다고, 절대 해서는 안 되는 것으로 단정 짓지 말고 아이의 시선에서 '거짓말'을 바라보고 이해하는 것이 최우선임을 것을 잊지 마세요.

Q 40. 아이가 자위를 하는 것 같아요

'자위'라는 단어를 듣기만 해도 어딘가 모르게 불편해지나요? 게다가 해맑고 순수하게 보이는 우리 아이들이 자위한다? 정말일까요? 교사도 낮잠 시간에 이불 속에서, 책상 모서리 주변에서 열심히 땀 흘리며 움직이고 있는 아이를 발견할 때면 놀라고 당황하기도 합니다.

하지만 **아이들이 성기를 만지는 것은 정상적인 성장 과정 중 하나입니다.** 아이들은 성장하면서 자기 몸에 호기심을 갖고 탐색합니다. 우연히 팬티 속이 가려워서 긁다가 기분 좋은 느낌을 받거나, 대소변을 가리기 시작하면서 성기에 자극을 받아 쾌감을 느끼는 것이 자위의 계기가 됩니다.

일단 아이들의 자위는 성인의 자위와는 다릅니다. 어떤 아이들은 자위를 일종의 놀이로 생각하고, 어떤 아이들은 자위하면 마음이 편안해진다고 말하기도 합니다. 아이들의 자위는 대부분 시간이 흐르며 자연스레 사라집니다. 다만, 자위를 반복하다 성기 주변의 피부가 손상되거나 요도염 등이 생기진 않을까 걱정할 수 있습니다. 그렇다고 자위를 나쁜 행동이라고 비난하거나 지나치게 야단치면, 아이가 죄책감과 수치심을 느낄 수 있습니다. 그래서 교사는 아이의 자위 행동을 보면 혼내지 않고 주위를 환기할 수 있게 함께하는 놀이를 제안하기도 합니다.

그렇다고 항상 허용할 수는 없습니다. 아이가 주위를 의식하지 않고 사람이 많은 곳이나 유치원에서 자위한다면 알려 주어야 합니다. **성기를 만지는 행동은 사람들 앞에서 하지 말아야 할 행동이라는 것을요.** 또 성기를 만지면 병균을 옮겨 아플 수 있으니까 '우리 몸을 소중하게 다뤄야 한다.'고 이야기해 주세요.

만약 아이가 다른 사람을 의식하고 자위를 멈추거나 조절하는 모습을 보이면 즉각적으로 **아이가 흥미 있어 하는 다른 활동을 제안해 행동을 전환해 주어야 합니다.** 예를 들어 아이가 자위할 때 이름을 차분하게 불러 주의를 환기시키고 자위 행동에 대해서는 언급하거나 혼내지 말고 아이가 흥미를 느끼는 활동을 제안하여 마음을 진정시켜 줍니다. 손으로 하는 조작 활동이나 감각 활동 등은 아이가 감각적 자극을 충족시킬 수 있도록 해 준답니다.

속옷이 불편하지 않은지, 청결한지 살펴봐 주세요. 감각이 예민한 아이는 꽉 끼는 속옷을 입었을 때 불편해서 속옷을 계속 만지다가 자극을 느낄 수도 있거든요. 또 대소변을 가리기 시작하면 팬티 속이 가렵거나 따가워서 성기를 만질 수 있습니다. 편한 속옷을 입히고 샤워 후에는 물기가 모두 마른 후 속옷을 입을 수 있게 신경 써 주세요.

동시에 3~5세는 나와 다른 성별의 신체에 호기심이 생기는 나이입니다. 이미 법적으로는 대중목욕탕을 이용할 때 같은 성별의 탕에 들어가야 하는 나이에 가깝지만, 딸이 "아빠랑 같이 남탕 갈래."라고 한다거나, 아들이 "엄마 찌찌 보고 싶어."라고 말할 때도 있습니다. 혹은 부모에 대한 사랑 표현으로 보호자의 신체를 보거나 접촉하고 싶어 할 수도 있습니다. 이럴 때 보호자가 강하게 거절하면 아이는 거부당했다고 느낄 수 있습니다.

아이에게 지켜야 할 경계에 대해 가르치는 기회로 삼으세요. "엄마 몸이 궁금했구나? 그런데 이제 네 나이에는 엄마 몸을 직접 보면 안 돼. 네가 싫어서가 아니라 이건 서로 지켜야 할 경계고 서로 배려해야 하는 부분이야. 엄마도 네 몸을 함부로 보거나 만지지 않을 거야."라고 말해 주어야 합니다. 그리고 아이가 다른 성별의 신체에 대해 궁금해하면 성교육 그림책을 함께 읽으며 설명해 줍니다.

  아이와 함께 사는 어른이 먼저 아이의 몸을 소중하게 다루어 주고, 내 몸을 함부로 아이에게 노출하지 말아야 합니다. 또 속옷을 반드시 착용하는 모습을 보여 주는 등 자기 몸의 중요 부위를 소중히 하는 모습을 먼저 보여 주어야 합니다. 아이는 보호자와의 관계 속에서 다른 사람의 몸과 나의 몸을 소중히 여겨야 한다는 것을 자연스레 배우게 되니까요.

Q41. 유치원에서 똥 누고 싶어도 참은 채 집에 와요

　어른도 낯선 환경에서 생리 현상을 해결하기 힘든 경우가 많죠? 유치원이나 낯선 곳에서 대소변을 참는 아이들이 생각보다 많답니다. 생리 현상을 해결하고 싶은 것은 본능인데 또 보기 싫은 마음도 동시에 있으니, 어떤 아이들은 너무 힘들어서 엉엉 울기도 합니다. 그런 아이들을 지켜보고 있으면 저 작은 아이가 얼마나 힘들까 안타까운 마음이 먼저 듭니다.

　그렇다면 힘들어하면서도 아이들은 왜 대변을 참을까요? 우선 나이가 어리면 하던 놀이가 너무 재미있어서 대변을 보는 것을 잊기도 합니다. 집이 아닌 곳에서 용변 보는 것 자체를 꺼리는 아이도 있고요. **만4~5세쯤 되면 유치원에서 대변을 볼 때 나는 소리나 냄새 때문에 친구들에게 놀림을 받을까 봐 걱정해서 참기도 합니다.** 때로는 변기에 앉아 대변을 누는 것 자체를 거부하기도 하고요. **이렇게 대변을 참고 집에 오는 이유는 매우 다양합니다.

유치원에서는 어린 연령의 아이가 대변을 참을까 봐 수시로 화장실에 다녀올 수 있게 합니다. 교사와 화장실에 함께 가서 화장실이 무서운 곳이 아닌 안전한 공간이라는 걸 느낄 수 있게 도와줍니다. 대변을 보고 싶지 않다고 하더라도, 정해진 시간에 교사와 함께 화장실에 가서 변기에 앉아서 노래를 불러 보기도 하고, 대변을 눌 때처럼 힘을 주는 연습을 하면서 무엇보다 화장실이라는 공간을 편하게 느낄 수 있도록 지도합니다.

아이가 대변을 보면 친구들이 놀릴까 봐 부끄러워할 때에는, 대변을 잘 보는 게 건강한 것이라고 알려 줍니다. 동시에 대변을 보고 싶으면 "선생님에게만 살짝 와서 이야기하고 가. 선생님이 가서 똥 닦는 것 도와줄게."라고 이야기해 주며 안심시켜 줍니다. 스스로 잘 닦지 못하는 아이에게는 선생님이 언제든지 너를 도와줄 거라고 안심시키고 대변 처리를 도와줍니다. 또 '똥'과 관련된 그림책을 보면서 대변을 잘 누는 방법, 대변을 누고 난 후 처리 방법 등에 대해서도 재미있게 알아본답니다. 물론 대변을 잘 보면 격려와 칭찬을 듬뿍 해 주어야 하지요.

아이가 대변을 계속 참으면 변비를 비롯해 건강에 문제가 생길 수 있습니다. 그러니 답답한 마음에 혼내기보다는 시간이 걸리더라도 아이가 안정감을 느끼면서 화장실을 잘 갈 수 있게 도와주어야 합니다.

Q 42. 집에서 쓰지 않는 나쁜 말을 배워 왔어요

"아이…씨!" 아이가 이런 말을 하는 모습을 보았나요? 쫑알쫑알 말이 늘기 시작하는 나이에 작은 입으로 예쁜 말만 하기도 벅찰 텐데, 이런 거친 말을 쓰니 어른들의 고민이 클 수밖에 없습니다.

집단생활을 시작한 아이는 말뿐만 아니라 종종 나쁜 행동을 모방하고 배웁니다. 요즘은 유튜브 같은 디지털 콘텐츠를 접하는 아이가 많아서 그 영향으로 친구를 놀리거나 기분을 상하게 하는 나쁜 말을 배우기도 합니다. 부모나 보호자가 무심결에 쓰는 말을 듣고 따라 하기도 하지요.

아이는 유행어나 나쁜 말을 왜 유독 재밌어하고, 하지 말라고 해도 계속 쓸까요? 대개는 장난으로 시작합니다. 자기가 쓰는 말이 나쁘다는 것을 인지하지 못한 채 자극적인 어휘나 말투, 발음이 재미있어서 쓰죠. 게다가 유행어나 나쁜 말을 했을 때 주목받는 경험을 했다거나 힘을 과시하고 싶어서 그럴 수도 있습니다. 때로는 친구가 놀라는 반응을 보며 관심을 얻고 싶어서 그러기도 하죠.

먼저, 왜 그런 말을 하는지 물어봐 주세요. "그런 말을 했을 때 어떤 기분이 들어?", "그런 말을 네가 듣는다면 기분이 어떨 것 같아?" 하고 물어보세요. 아이가 어떤 감정이 들 때 그런 말을 사용하는지 살펴보는 거죠. 그리고 그런 말을 친구가 들을 때 기분이 어떨지 생각할 기회를 줍니다.

나쁜 말을 하면 그 자리에서 바로잡아 주세요. "너는 장난으로 나쁜 말을 했지만, 그런 말을 들으면 상대방은 기분이 나빠."라고 그 자리에서 곧바로 바로잡아 주세요. 만약 아이가 "다른 친구들은 유치원에서 다 쓰던데."라고 반문하면 "다른 사람이 말한다고 해서 전부 옳은 말인 것은 아니야. 옳고 그른 것이 있어."라고 알려 주어야 합니다.

단어의 뜻을 함께 찾아보세요. 아이들은 대부분 유행어나 나쁜 말의 뜻을 모르고 사용할 때가 많아요. 혼내기보다 아이가 사용한 단어가 무슨 뜻인지 물어보고 뜻을 함께 찾아보면 아이가 스스로 나쁜 말을 사용하지 말아야겠다고 깨닫는 데 도움이 됩니다.

나쁜 말을 대체할 수 있는 올바른 말을 알려 주세요. 무작정 "그런 나쁜 말 하지 마."라고 명령하지 마세요. 예를 들어 아이가 "아이 씨!"라고 하면, "지금 화가 난 거구나? 그럴 땐 "아 속상해!"라고 말해 봐."라고 하면서 나쁜 말을 대체할 수 있는 단어와 표현을 함께 찾아보고 제안해 주는 것이 좋습니다.

예쁜 언어를 사용하면 칭찬해 주세요. 아이가 올바르고 예쁜 말을 하면 칭찬으로 격려해 주는 것도 중요합니다. 예를 들어 "좋은 말을 하면 좋은 일이 생기더라. 엄마는 네게 좋은 일이 생겼으면 좋겠어."라고 보호자가 먼저 예쁜 말로 아이를 칭찬해 주세요.

유치원에서 보호자를 상담하다가 깜짝 놀랄 때가 있습니다. 보호자의 말투와 아이의 말투가 데칼코마니처럼 너무 닮아서요. 이러면 교사도 어른으로서 가슴이 뜨끔하답니다. 보호자인 내가 먼저 가정에서 바르고 고운 말을 사용해야겠다고 다짐하게 되는 순간이죠. 내가 무심코 하는 혼잣말도 아이는 다 듣고 있다는 것을 꼭 기억하세요.

Q 43. 아이가 감기 기운이 있어요. 컨디션이 안 좋은데 유치원에 보내야 할까요?

아침에 일어나니 아이가 조금 칭얼대고 미열도 있을 때, 감기 기운이 있거나 그리 심하지 않은 설사를 했을 때, 이대로 유치원에 보내도 괜찮을지 고민스럽습니다. 감기나 전염병에 걸린 아이를 유치원에 보내야 할지 말지는 신중히 결정해야 합니다. 우리 아이뿐만 아니라 유치원 내 다른 아이들의 안전을 고려해야 하기 때문입니다. 이렇게 아이의 컨디션이 안 좋아서 유치원에 보내야 할지 말지 결정해야 할 때에는 다음의 사항을 확인하세요.

≡ 전염의 위험성이 있나요?

전염병은 면역력이 약한 아이들이 지내는 유치원에서 쉽게 퍼질 수 있습니다. 특히 유치원에서는 아이들이 밀접하게 접촉하며 놀이하고 생활하기 때문에 감기나 전염병이 빠르게 확산

될 수 있습니다. 따라서 발열, 발진, 구토, 설사 등 전염성 질환에서 나타나는 증상이 있을 때는 일단 집에서 상태를 살펴보거나, 의사의 진료를 받아야 합니다.

휴식이 필요한가요?

어제 자기 전까지만 해도 괜찮았는데 오늘 아침 갑작스럽게 컨디션이 안 좋다면 전날의 피로와 스트레스, 섭취한 음식 등에 의한 것일 수 있어요. 이럴 때는 충분한 휴식과 적절한 치료가 필요한데, 유치원에 가고 싶다는 아이의 말만 듣고 무리하게 등원시키면 증상이 심각해질 수 있습니다. 특히 가족과 주말을 즐겁게 보낸 일요일 저녁에는 충분히 쉬게 해 주세요. 그리고 소화가 잘되는 음식을 먹이면서 월요일에 건강하게 등원할 수 있도록 도와주세요.

증상이 심각한가요?

증상이 경미하고 아이가 유치원에 가고 싶어 한다면 등원할 때 교사에게 아이의 컨디션을 전달해 주세요. 아이가 유치원에서 쉴 수 있게 의논도 해 주세요. 만약 전염성이 의심되거나 증상이 심각하다면 유치원에 보내지 않는 것이 좋습니다.

≡ 유치원의 방침은 어떠한가요?

　유치원에서 흔히 발생할 수 있는 법정 감염병으로는 수두, 홍역, 유행성이하선염(볼거리), 유행성독감(인플루엔자), 수족구병, 백일해 등이 있고, 비법정 감염병으로는 유행성각결막염, 아폴로 눈병, 무균성 뇌수막염 등이 있습니다. 법정 감염병은 격리기간이 정해져 있어 정해진 격리 기간에는 등원할 수 없습니다. 반면 비법정 감염병은 정해진 격리 기간이 없어서 담당 의사와 상의한 후 증상이 없어지거나 완치된 후 등원해야 합니다. 유치원마다 감기와 전염병에 관한 규정이 다를 수 있고, 완치 증명서를 받아야만 등원할 수 있는 곳이 있을 수도 있습니다.

　한 달에 11일 이상 출석하면 학비가 지원되는 어린이집과 달리 유치원은 한 달에 15일 이상 출석(주말 포함)해야 유아 학비를 지원받을 수 있습니다. 그래서 법정 감염병뿐 아니라 비법정 감염병일 때도 진단서, 진료확인서, 의사 소견서 등 질병 결석계를 제출하면 출석인정 결석으로 처리될 수 있습니다.

질병관리본부 유아(1~6세) 감염병 환자 발생 시 조치사항 안내

군명	감염병명	잠복기	전염 기간	환자 관리 및 격리 기간
제1군	장출혈성 대장균 감염병	2~10일 (평균 3~4일)	• 이환 기간 및 증상 소실 후 대변에서 균이 검출되지 않을 때까지 전파 가능하며, 보통 성인에서 1주일 이하, 어린이의 1/3은 3주가량 균 배출 • 드물지만 보균상태가 수 개월 이상 지속 가능	설사 증상이 소실된 지 (항생제 치료를 한 경우 완료) 48시간 후 24시간 간격으로 대변 배양 검사를 실시하여 2회 연속 음성 확인 시까지 격리
제2군	백일해	4~21일 (평균 7~10일)	• 전구기 시작 또는 발작성 기침 시작 후 3주간 전염 가능 • 적절한 항생제로 치료 시 투약 5일이 지나면 전염력 소실	적절한 항생제 투약 후 5일까지 호흡기(비말) 격리하며, 치료받지 않은 경우 기침이 멈출 때까지 최소한 3주
제2군	유행성 이하선염	12~25일 (평균 16~18일)	증상 발현 3일 전부터 5일 후까지	이하선염 발현 후 5일까지 격리
제2군	수두	10~21일 (평균 14~16일)	발진 발생 1~2일 전부터 모든 피부 병변에 가피가 생길 때까지	• 모든 피부 병변에 가피가 형성될 때까지 격리(발진 발생 후 최소 5일간 격리) • 예방접종을 받은 사람은 수두가 발병하여도 가피가 생기지 않는 경우가 있으며 이때는 24시간 동안 새로운 피부병변이 생기지 않을 때까지 격리해야 함 • 수두에 걸린 엄마에게서 출생한 신생아가 입원 중인 경우에는 생후 21일까지 격리
제3군	성홍열	1~7일	• 적절한 항생제로 치료를 시작하면 24시간 후 전염력 소실 • 치료하지 않는 경우 수 주에서 수개월 동안 전염 가능	적절한 항생제 치료 시작 후 24시간까지 호흡기(비말)격리

군명	감염병명	잠복기	전염 기간	환자 관리 및 격리 기간
제3군	인플루엔자	1~4일 (평균 2일)	• 전염력은 증상 시작 1일 전부터 4~5일간 가장 높아짐 • 단, 소아나 면역저하자에서는 바이러스 배출기간이 2주 이상 길어지기도 함	증상 발생 후 5일이 경과해야 하고 해열제 없이 정상체온 회복 후 48시간까지 타인과 접촉을 제한
	결핵	명확하지 않음	전염성 결핵이 의심되었을 시점에서부터 치료 시작 후 2주 이상	• 일반적으로 2주 이상 효과적인 항결핵제들을 복용하고 호흡기 증상이 소실되었고, 객담 항산균 도말검사에서 음전될 때까지 격리 • 결핵예방법 제13조 (업무 종사의 일시 제한)
지정	로타 바이러스	1~3일	대변 내 로타바이러스 배출은 임상 증상이 나타나기 전에 시작되어 대개 2주 이내에 전파 가능	증상이 없는 아이들과 구분
	노로 바이러스	10~50시간 (평균 12~48시간)	• 최대로 바이러스 배출이 높은 시기인 증상 발생 2~5일 후에 대변 1g당 약 50억 개 바이러스를 보유 • 증상 호전 후 2주 이상 바이러스를 배출할 수 있음	증상 소실 후 24~72시간 집단생활 제한
	RS 바이러스 감염증	2~8일 (평균 5일)	바이러스는 증상이 나타나기 수일 전부터 배출될 수 있으며, 증상 발생 후 약 1주간 바이러스 배출	• 표준주의 • 영유아 및 면역저하자에서 RSV감염증이 있는 경우
	수족구병	3~7일	증상의 발현 유무에 상관없이 감염 후 호흡기로는 1~3주 이내, 분변을 통해서는 7~10주까지도 바이러스 배출	증상이 있는 경우 의사의 진료를 받고 스스로 자가격리

Q 44. 정리정돈 안 하는 아이, 어떻게 가르쳐야 할까요?

먼저, 정리정돈은 왜 필요한지 생각해 봅시다. 정리정돈을 통해 아이들은 집중력과 인내심을 기를 수 있습니다. 작업을 끝까지 완수하는 경험을 하면서 물건을 어떻게 분류하고 배치해야 할지 배울 수 있는 기회가 되기도 합니다. 또 정리정돈을 잘 마치면 성취감을 느낍니다. 이러한 긍정적인 경험은 다른 일에서도 성취를 경험하려는 동기를 부여할 수 있습니다. 그렇다면 어떻게 정리정돈을 잘하는 아이로 키울 수 있을까요?

첫째, 명확한 규칙과 일관성이 필요

유치원에서 교구 또는 장난감을 정리하는 바구니를 본 적 있나요? 정리 바구니에는 교구나 장난감 사진, 이름이 붙어 있습니다. 아이들이 스스로 정리할 때 바구니에 붙은 사진과 이름을 보고 정리하게 안내하는 거죠. 이렇게 어떤 물건을 어디에 두어야 하는지 명확한 규칙을 정하고 이를 일관되게 적용한다면 아이가 훨씬 쉽게 혼자서도 정리할 수 있습니다. 집에서도 다음과 같은 방법으로 응용할 수 있습니다.

둘째, 작은 목표부터 정하기

장난감을 정리할 때 작은 목표로 나누어 진행해 보세요. 예를 들면 "책상 위부터 정리해 보자.", "쌓기 블록부터 정리해 보자." 식으로 작은 목표를 설정하고 목표를 달성할 때마다 크게 칭찬해 주세요.

셋째, 칭찬과 작은 보상으로 정리하는 습관을 만들어 주기

정리정돈을 잘했을 때 칭찬해 주고, 작은 보상을 제공해 보세요. 보상은 물질적인 것이 아니어도 좋아요. 칭찬과 인정을 받는 것만으로도 동기 부여가 될 수 있답니다.

넷째, 정리를 게임처럼!

정리정돈을 재미있는 게임처럼 바꾼다면 어떨까요? 예를 들어 "누가 더 빨리 정리할 수 있을까?", "빨간색 장난감은 ○○이가, 동그란 모양 장난감은 △△이가 해 보자." "누가 먼저 10개를 빨리 정리하고 돌아오나 게임해 보자." 식으로 작은 경쟁이나 게임을 통해 정리정돈을 재미있게 느끼게 할 수 있어요.

다섯째, 장난감을 조금씩 꺼내어 놀기

장난감을 와르르 쏟아서 노는 아이들이 있어요. 내가 놀이에 쓸 것만을 꺼내어 놀고, 다 놀고 나면 그때그때 정리하고 다른 놀이를 한다면 정리할 때 쉽게 할 수 있어요. 정리를 쉬운 일로 생각하게 환경을 만들어 주는 것도 중요하답니다. 정리 정돈은 단순히 물건을 정리하는 것 이상의 의미가 있어요. 아이의 전반적인 발달과 성장을 지원하는 중요한 과정이며, 기본 생활 습관 중에서도 기본이 되는 것이라서 무엇보다 인내심을 갖고 꾸준히 반복해서 지도하는 것이 중요합니다.

집에서의 응용법

- **정리 공간 만들기**

    장난감, 책, 학용품 등 카테고리별로 바구니나 상자를 준비해 주세요. 아이와 함께 사진을 찍고, 각 상자에 그림+단어 라벨을 붙입니다. (예: 레고 그림 + 레고)

- **아이와 함께 라벨링**

    라벨을 붙이는 과정에 아이를 참여시키면 소유감과 책임감이 생깁니다. "이 상자엔 뭐가 들어가야 할까?" 하고 물어보며 정리 기준을 아이와 함께 세워 보세요.

- **정리 시간 루틴 만들기**

  하루 일정 중 정리 시간을 정합니다. 놀이가 끝난 뒤, 저녁 식사 전 타이머나 음악을 활용해 재미있는 놀이처럼 접근해도 좋아요.

- **정리한 후 칭찬하기**

  결과보다는 과정을 칭찬해 줍니다.

  (예: "사진 보고 스스로 찾았구나!", "바구니에 딱 맞게 넣었네!")

Q 45. 높임말 쓰는 것을 어려워해요

　요즘은 대체로 가정에서 보호자와 아이가 편안하게 '반말'을 씁니다. 그래서 아이는 유치원에 와서 교사에게 높임말(경어) 쓰는 걸 낯설어하고 어려워하지요. 하지만 그렇다고 해서 아이의 말을 나무라는 것은 좋지 않은 교육 방법입니다. 이때는 높임말을 누구에게 사용하는지, 어떻게 사용하는지 천천히 오랜 시간을 들여서 이야기 나눌 시간이 필요합니다. 또 보호자나 교사가 먼저 다른 사람과 어떤 방식으로 대화를 이어 나가는지, 어떻게 말하는지 보여 주는 것이 중요합니다.

　예를 들면 아이와 함께 마트에 가는 거죠. 마트에 가서 아이가 잘 들을 수 있게 마트 직원과 대화를 나눕니다. "얼마인가요?", "몇 개인가요?", "휴지가 어디에 있나요?" 마트 직원도 같이 높임말로 답하는 것을 아이가 듣게 합니다.

　아이가 어른에게 반말을 하면 "그게 아니라 이렇게 말해야

지." 하고 나무라기보다는 보호자나 교사가 아이가 잘 이해할 수 있도록 상황에 맞게 높임말을 사용하는 모습을 보이면서 알려 주세요. **아이에게 높임말이 필요한 장면을 설명할 때는 같은 맥락의 여러 사례를 들려주며 이해를 도와야 합니다. 중요한 것은 아이가 당장 완벽히 이해하지 못해도 기다려 주는 태도입니다.** 반복적인 경험과 안내 속에서 아이는 점차 높임말의 필요성을 알게 됩니다.

가정에서 역할 놀이를 하면서 지도할 수도 있습니다. 보호자는 택시 기사가 되고 아이는 손님이 됩니다. "손님, 어디로 모실까요?" 다양한 상황을 설정하고서 각각의 상황과 대화 상대에 맞게 어떻게 말해야 하는지, 사람에 따라 어떤 언어를 사용해야 하는지 놀이하면서 재미있게 배울 수 있게 유도합니다.

아이들은 하루아침에 변화할 수 있는 존재가 아닙니다. 인내심을 갖고 꾸준히 일관성 있게 교육한다면 아이가 어느 순간 어른에게 높임말로 이야기하는 모습을 볼 수 있을 것입니다.

Chapter 5

어느덧 아이가 유치원에 적응하고 가족들도 일상을 이어 갑니다.
하지만 우리 아이에 관한 관심과 새로운 발견은 멈추지 않아요.
뜻밖의 상황과 크고 작은 고민도 늘어 갈 텐데요. 원칙은 같습니다.
아이와 교사의 관계에 믿음과 정서적 지지를 보내며
함께 답을 찾아보세요!

유치원에 가는 엄마와 아빠

Q 46. 선생님이 우리 아이를 예뻐하지 않는 것 같아서 속상해요

저런, 어떤 이유건 이런 생각이 든다면 너무나 속상하지요. 그런 마음이 오래간다면 교사에게 상담을 요청해 충분히 대화하세요. 보호자는 아이와 교사의 관계를 지지하며 정서적으로 든든한 조력자가 될 것을 권합니다.

이 세상 그 무엇보다 소중한 우리 아이가 어디서든 사랑받았으면 하는 마음. 어느 가정이나 같을 거예요. 함께 많은 시간을 보내고 발달에 큰 영향을 주는 교사에게는 그러한 마음이 더 클 것이고요. 교사가 아이에게 따뜻한 눈길을 보내고 말을 걸어 줬으면 하는 바람도 당연합니다. 그런데 교사가 내 아이에게 무관심하다고 느낀다거나 아이가 전하는 유치원 생활 이야기를 듣다가 예쁨을 못 받는다는 생각이 들면 몹시 속상하죠. 이러한 생각과 마음은 유치원 생활 전반에 대한 걱정으로 이어지고 교사와 보호자 사이의 굳건해야 할 신뢰에 금이 가게 만든답니다.

더 안타까운 건, 보호자가 교사에게 서운함을 느끼고 있다는 사실을 아이가 알아차릴 수 있다는 것입니다. 알게 모르게 어른들 사이의 대화를 들으면서 말이죠. 이렇게 되면 아이와 교사 사이에 생겨야 할 친밀감, 일명 라포 형성(rapport formation: 관계에서 신뢰와 유대감을 형성하는 과정을 말하는 것으로 교사와 학생 사이의 라포 형성은 학습 동기, 자신감, 사회성, 정서 발달 등에 중요한 역할을 한다.)에 좋지 않은 영향을 줍니다. 자신이 가장 신뢰하고 사랑하는 부모가 좋아하지 않는 사람에게는 아이도 안정감을 느낄 수가 없거든요.

모든 교사는 학급의 모든 아이를 조건 없는 사랑으로 맞이합니다. 교사는 아이마다 성향을 파악하면서 친밀감과 유대감을 형성하기 위해 부단히 노력합니다. 매일 아침 반갑게 인사하고, 안아 주고, 감정을 읽어 주고, 보듬고, 함께 놀이하며 울고 웃으면서 말이에요. 때때로 아이와 교사의 성향에 따라 친밀감을 형성하는 데 유달리 더 많은 시간이 걸리기도 합니다. 그런데 이것은 교사가 특정 아이를 예뻐하지 않아서가 아닙니다. 서로 신체적, 언어적, 감정적 교류를 통해 관계의 퍼즐을 맞추어 가는 데 각기 필요한 시간과 속도가 다를 뿐이지요. 또 교사마다 표현 방식이 달라 보호자가 원하는 방식으로 닿지 않을 수 있어요. 아이와 보호자의 성향이 모두 다르듯, 교사들도 저마다의 색깔을 가지고 있습니다. 표현 방식은 다르지만, 우리 아이들을 사랑하는 마음의 크기는 비교할 수 없답니다.

그러니 보호자는 교사와 아이에게 든든한 '정서적 지지자'가 되어 주세요. 먼저 아이에게 "선생님은 너를 진심으로 사랑한단다.", "너는 선생님과 친구들에게 많은 사랑을 받고 있어.", "선생님은 ○○반 친구들을 위해 항상 노력해."와 같이 교사와 친구들에게 아이가 소중한 존재이고 사랑받고 있음을 알려 주는 것부터 시작해 주세요. 이렇게 가능한 한 유치원 생활의 경험과 성취에 대해 구체적으로 칭찬해 주는 것이 좋습니다.

Q 47. 활동 사진에서 우리 아이가 잘 안 보여요

일단, **걱정하지 마세요!** 활동 사진이 어떤 것인지부터 차근히 정리해 보면서 그 이유를 답해 드릴게요. 많은 유치원에서 홈페이지나 알림장 서비스 앱을 활용해 등원 후 생활을 보호자와 공유합니다. 보호자는 공유된 아이의 개별 사진, 친구들과 함께 놀고 있는 사진, 일과 또는 놀이 수업 사진이나 동영상을 보고 교육과정의 전체적인 흐름을 가늠할 수 있습니다.

교사가 촬영한 이미지를 공유하는 이유는 첫째, 유치원에서의 생활 정보를 전달하고 둘째, 유아·놀이 중심 교육과정 운영에서 보호자와 교육 공동체로서 함께 고민하기 위해서입니다.

활동 사진에 우리 아이가 작게 나온다거나, 나오지 않았다면서 속상해하는 보호자들이 있습니다. "사진에 ○○이는 다섯 번 나왔는데 우리 아이는 네 번밖에 나오지 않았어요."라며 불만을 토로하는 보호자도 있지요. 이러한 민원을 접하는 교사들은 사진을 공유하기 전에 반 아이들이 고르게 다 나왔는지, 몇 번씩 등장하는지를 눈에 불을 켜고 세어 보는 웃지 못할 상황이 발생하기도 합니다.

보호자가 유치원에서 아이가 어떻게 지내는지 궁금한 것은 너무나도 당연합니다. 아이가 종일 있었던 일을 다 말하지 않으니까요. 특히 유치원에 입학한 해에는, 더 궁금할 수밖에 없지요. 하지만 확실한 것은 한 학급에 보통 16~24명이 있는 상황에서 **누군가를 더 많이 찍기도 일부러 적게 찍기도 실제로는 굉장히 어렵다는 점이에요. 교사는 일과나 수업 중에 모든 신경과 에너지를 반 아이들을 교육하고 돌보는 데 쏟아야 합니다.** 사진을 잘 찍는 것이 그보다 더 중요할 수는 없어요. 실시간으로 변하는 아이들의 행동과 감정에 몰입해야 할 교사가 사진을 찍는 데 집중해서는 안 됩니다. 아이가 놀이 수업에 한창 몰입하고 있을 때 교사가 사진을 잘 찍기 위해 아이에게 특정 포즈나 시선 처리를 요구한다면 어떨까요? 놀이의 흐름이 끊어지거나 친구와의 상호 작용에 방해가 될 것입니다. 그래서 최근에는 보호자 교육을 통해 사진 업로드 수를 줄이고 아이들의 교육과 돌봄에 집중하겠다고 하는 유치원이 늘어나는 추세에 있습니다.

Q 48. 학부모 참여 수업 때 보니까 우리 아이가 산만해요

대부분 유치원에서는 1년에 1~2회 정도 학부모 참여(참관) 수업을 엽니다. 수업을 참관하기만 할 때도 있고, 보호자가 직접 참여해 활동하는 프로그램을 운영할 때도 있어요.

가끔 학부모로서 또는 보호자로서 참여 수업에 처음 갈 때 어떤 옷을 입어야 할지 고민된다고 말하는 경우도 있습니다. 또 우리 아이가 수업 시간에 잘 앉아 있는지, 교사가 시키는 걸 잘 해낼 지 여러 가지 걱정이 앞선다고도 하죠. 최근에는 늦깎이 부모가 늘다 보니 젊은 보호자 사이에서 "혹시 나만 나이 들어 보이진 않을까?" 걱정하는 경우도 있습니다. 아이가 위축되지 않을까 염려하는 거죠.

참여 수업을 할 때는 교사도 신경 쓸 것이 많습니다. 보호자들을 초대하니 평소보다 더 교실 환경과 수업에 정성을 다합니다. 그런데 참여 수업을 보고서 우리 아이가 유독 수업 시간에 산만해 보인다거나 교사가 수업 시간에 우리 아이에게 눈길을 많이 주지 않는 것 같다고 속상해하는 보호자들이 있습니다.

먼저 이렇게 생각해 보지요. 학부모 참여 수업을 앞둔 아이의 마음은 어떨까요? 교사나 보호자처럼 아이도 무척 설레고 긴장될 것입니다. 세상에서 가장 사랑하는 아빠나 할머니가 나의 공간으로 오는 날이니까요. 내가 사랑하는 선생님, 내가 좋아하는 친구, 내가 생활하는 공간을 가족들에게 소개하고 같이 하루를 보내는 멋진 날이기도 하고요. 평소처럼 의연하게 지내는 아이들도 있겠지만 유달리 흥분하는 친구들은 아마도 그런 이유 때문일 것입니다. 하지만 어른의 눈에는 아이가 산만해 보이니, 평소에도 저렇게 선생님에게 집중하지 못하는 것은 아닐까, 친구들과 장난이 너무 심한 게 아닐까 걱정하는 것이죠.

하루, 길어야 1시간 정도의 시간으로 아이의 유치원 생활을 재단할 수는 없습니다. 보호자는 참여 수업을 통해 아이가 가꾸고 있는 사회생활에 초대되어 즐거운 하루를 함께 보낸다는 마음으로 참여하기를 권합니다. 아이가 얼마나 성장했는지 따뜻한 시선으로 바라보며 함께 즐거운 기억을 만드는 시간이 되었으면 합니다. 수업 시간에 우리 아이를 대하는 교사의 모습도 마찬가지입니다. 보호자에게는 전부 같아 보이는 모습도 전체 수업 과정 중 지극히 일부분일 뿐, 그것으로 평소 수업 시간에 교사와 아이 사이에 일어나는 상호 작용을 모두 짐작할 수는 없습니다. 교사와 학생, 모두를 응원하는 마음으로 보호자가 참여 수업을 즐겼으면 좋겠습니다.

Q 49. 유치원 친구들과 잘 어울리지 못하는 것 같아요

　가정에서 온전히 내 품 안에서 키우던 아이를 유치원에 보내려고 하면 걱정이 많아집니다. 특히 아이의 친구 관계에 대한 불안이 커지죠. "우리 아이가 외동이라서 양보를 몰라요.", "아직 표현이 서툴러서 친구에게 불만이 있어도 말을 못해요.", "생일이 늦어서 또래보다 느린 것 같아요.", "체구가 작아서 친구들 사이에서 잘 지낼 수 있을지 모르겠어요." 아무리 담대한 보호자도 자신도 모르게 이런저런 불안한 마음을 등하원 길에 만난 다른 보호자들과 나누게 되지요. 그러던 중에 아이가 유치원에서 다퉜다거나 평소에 반 친구와 갈등이 많다는 이야기를 듣는다면 어떨까요? 아이가 동네 놀이터에서 친구와 마주쳐도 서로 인사하지 않고 지나치는 모습을 본다거나, 유치원에서 있었던 일을 도통 이야기하지 않는다면 친구 관계에 무슨 문제가 있는 건 아닌가 싶어 더 큰 고민에 빠질지도 몰라요.

이 시기 유아들의 '놀이 유형'과 친구 간의 '우정 발달 단계'에 대해 알아보면 걱정을 조금 덜 수 있습니다. 만 3세 유아들은 혼자서 놀이하는 '단독놀이'와 함께 가까이에서 놀지만 서로 다른 놀이를 하면서 상호 작용이 별로 없는 '병행놀이'를 자주 보입니다. 친구 집에 놀러 갔더니 친구와 같이 놀지 않고 한참을 따로 놀다가 집에 돌아갈 때쯤 곁에서 조금씩 같이 노는 모습을 보곤 합니다. 그러던 유아들이 차츰 성장하면서 친구와 서로 다른 놀이를 하더라도 상호 작용을 하며 놀이하는 '연합놀이'와 공동의 목표를 가지고 함께 협력하며 놀이하는 '협동놀이'의 형태로 변화를 보입니다.

사회적 상호 작용 발달 단계에 따른 놀이 유형	
단독놀이 (만2세 이하)	다른 아이들과 상호 작용하지 않고 혼자 노는 것
병행놀이 (만2~3세)	두 명 이상의 아이가 가까이에서 놀지만 각자 독립적으로 놀이하는 것
연합놀이 (만3~4세)	놀이 주제나 활동을 공유하지만, 각자의 방식대로 놀이하는 것
협동놀이 (만4세 이상)	명확한 역할을 가지고 협력하며 놀이하는 것

유아는 자기중심적 사고가 강해서 자기 자신에게 초점을 맞추

어 생각하고 행동하기 때문에 성인이 생각하는 것만큼 친구 관계가 끈끈하고 지속적이지 않습니다. 같이 놀이하는 그 순간에만 친구라고 생각하기도 해서 친구 관계와 우정의 개념이 일시적인 경우가 많습니다. 이 점을 반대로 생각해 보면, 처음 만난 사이라도 함께 즐겁게 놀이만 한다면 '친구'라고 생각할 수도 있는 거지요. 이러한 모습은 점차 놀이 유형이 확장되는 것처럼 발달하여 지속적이고 정서적인 친밀감에 기인한 친구 관계로 발전해 갑니다.

유아기 우정 개념 발달 단계	
초기 우정 (만2~3세)	모호한 친구의 개념으로 단순히 함께 놀 수 있는 사람으로 인식
우정의 형성 (만3~4세)	친구와의 관계를 조금씩 인식하고 함께 놀고 싶은 욕구가 생김
친구의 의미 (만4~5세)	친구의 개념이 명확해지고 특정 아이와의 관계를 중요시함
깊은 우정 (만5세 이상)	친구 간의 관계가 더욱 깊어지고 우정의 의미가 정서적 연결로 확장됨

간혹 친구가 우리 아이와 놀아 주지 않는다는 말에 가슴이 철렁할 수도 있지만 조금 여유를 가지고 아이와 이야기를 나눠 보세요. "○○이는 무슨 놀이를 하고 있었어?", "같이 어떤 놀이를

하고 싶었어?", "○○이한테 같이 놀자고 어떻게 말하면 좋을까?"와 같이 상대방의 상황과 마음에 관심을 두게 돕고, 적절한 방법으로 이야기할 수 있는 사회적 기술을 알려 주면 좋습니다. 그리고 아이의 친구 관계에 관해서는 혼자서 고민하지 말고 유치원 생활을 직접 관찰하는 담임 교사와 대화하면서 아이의 사회성 발달을 도와주도록 합니다.

Q 50. 동생이 태어나서 스트레스를 받는 것 같아요

　유치원에 다니는 큰아이에 이어 동생을 출산할 예정인 보호자는 아이가 동생 때문에 스트레스를 많이 받을까 봐 걱정이 많습니다. 최근 뚜렷한 저출산 기조로 형제자매가 있는 아이들을 만나는 것이 갈수록 어렵지만, 자녀 계획이 더 있는 가족이라면 크게 다가오는 문제죠. 실제로 동생이 태어나면 큰아이는 엄마의 입원과 산후조리로 일정 기간 떨어져서 지내야 할 수도 있고, 보호자가 밤낮없이 신생아를 돌보고 모유 수유를 하는 모습을 보면서 가족의 관심이 동생에게 쏠리는 것만 같아서 질투를 느끼기도 합니다. 자기는 이제 사랑받지 못한다는 불안감을 느끼기도 하지요.

　큰아이의 질투와 불안은 안정적이었던 가정생활과 유치원 생활에 큰 위협이 되기도 해요. 스스로 잘하던 일도 보호자의 도움을 요구하는 퇴행을 보이기도 하고, 잦은 울음이나 짜증으로 관심을 끌려고 하고, 잘 다니던 유치원에 가기 싫다고 등원을 거부하는 일도 생깁니다. **이때 출산과 신생아 육아로 몸과 마음이 지친 보호자는 포옹력이 약화돼 큰아이의 이러한 모습이 답답하고 화가 날 수 있어요.** 하지만 이럴 때일수록 큰아이에 대한 보호자의 깊은 이해와 수용이 필요합니다. 아이가 느낄 수 있는 질투, 불안, 분노 등을 이해하고 아이가 올바른 방법으로 본인의 감정을 이야기할 수 있게 공감해 주어야 합니다. "동생이 태어나니까 어때?", "아빠가 동생을 안아 줄 때 속상했어?"와 같이 아이의 마음을 읽어 주는 부단한 노력이 필요합니다.

때때로 동생 없이 큰아이와 단둘이 보내는 시간을 만드는 것도 좋습니다. 특별한 장소에서 특별한 경험을 하라는 것이 아니라, 지극히 평범한 일상생활 속에서 단둘이 보내는 시간을 만들어 보는 것입니다. '아이와 단둘이 등원하는 시간', '집 근처 편의점에서 단둘이 간식을 사는 시간', '화장실에서 단둘이 양치질하는 시간'과 같이 평범하지만 오롯이 둘만의 관계에 집중하는 시간을 갖는 거지요. 그때마다 큰아이는 여전히 보호자가 나에게 관심이 있고 사랑하고 있다고 느낄 것입니다.

더불어 동생이 태어나 달라지는 가족의 변화와 의미에 관해 이야기해 주는 것도 필요합니다. 동생이라는 새로운 가족이 생겨

구성원에 어떤 변화가 있는지, 서로 사랑하며 함께 살아가는 것의 의미 등을 이야기해 주는 거예요. 예컨대 "동생이 태어나면서 우리 가족이 세 명에서 네 명이 되었어, 그만큼 주는 사랑도 받는 사랑도 커진 거야", "우리 가족 함께 사랑을 주고받으면서 행복을 키워 가는 거야"와 같은 이야기죠. 이러한 대화는 가족의 소속감과 유대감을 기르는 데 도움이 됩니다. 이를 통해 큰아이는 자연스럽게 동생의 존재를 받아들이고, 동생이 생긴 것이 특별하고 행복한 일이라는 긍정적인 생각을 하게 됩니다.

동생이 처음으로 집으로 오는 날 형님이 된 것을 축하하는 파티를 여는 것도 좋습니다. 마치 동생이 주는 선물인 것처럼 평소에 좋아하는 장난감을 선물하는 이벤트도 좋습니다. 그리고 아침마다 서로 "잘 잤어?", "좋은 꿈 꿨어?"와 같이 아침 인사를 나누거나 동생이 먹고 있는 젖병을 같이 잡아 주는 등 역할을 만들어 가는 것도 좋습니다.

Q 51. 유치원에서 초등학교 입학 전까지 한글이랑 수학을 다 가르쳐 주나요?

"유치원에서 한글이랑 수학도 가르쳐 주나요?", "초등학교 입학 전에 한글을 다 쓸 수 있나요?"라는 질문을 자주 받습니다. 다양한 학업 능력 중에서도 보호자들은 유달리 한글과 숫자 이해에 관심이 아주 높습니다. 우리 아이가 또래와 비교했을 때 어느 정도의 학습 능력을 보이는지 궁금해하죠. 많은 보호자가 한글을 읽고 쓰는 문자 언어 능력과 숫자를 세고 덧셈, 뺄셈 같은 연산 문제를 해결하는 능력을 중요하게 생각해요. 아마도 초등학교에 입학해 학업을 잘 따라가기를 바라는 마음 때문이겠죠. 그렇다면 유아기의 언어발달과 수 개념 발달의 특징을 이해하고, 앞으로의 학업 지원 방향을 고민해 보는 것도 좋겠습니다.

유아기의 언어발달은 읽기, 쓰기, 말하기, 듣기 능력이 통합적으로 발달하는 것이 중요합니다. 언어발달은 글자로 쓰여진 언어를 읽고, 쓰는 '문자언어' 능력과 언어의 소리를 말로 표현하고 들으면서 이해하는 '음성언어' 능력으로 나눌 수 있습니다.

'음성언어'의 발달은 아이가 일상생활에서 다양한 음성언어 자극을 통해서 말귀를 알아듣기 시작하고 옹알이를 시작하고서 간단한 단어를 표현할 수 있게 됩니다. 이러한 음성언어의 발달에 따라 일상생활에서 자연스럽게 문자언어 자극을 받으면 글자의 의미를 알고 읽기 쓰기에 관심을 갖게 됩니다.

하지만 **이러한 문자 언어와 음성 언어 발달 측면뿐만 아니라 유아기에는 자신의 생각과 느낌, 경험을 표현하고, 다른 사람의 생각과 느낌을 수용할 수 있는 의사소통 능력을 길러 가는 것을 중요하게 봐야 합니다.** 이러한 능력은 최근에 더 주목 받고 있는 문해력 발달로 이어지고, 앞으로 학습하는 데 중요한 기초 능력이 되기 때문입니다.

수학 교육은 본질적으로 논리적 사고를 기반으로 한 문제 해결 능력을 기르는 것이 중요합니다. 지금 우리 아이가 1부터 100까지 셀 수 있는지와 덧셈, 뺄셈을 이해하고 문제를 얼마나 정확하게 해결할 수 있는지도 중요하겠지만, 수와 셈, 분류와 순서 등 수학적이고 논리적인 사고 능력의 기초를 쌓는 것이 중요합니다. 이러한 논리는 결국 일상생활에서 녹아 있는 수 개념을 발견하고, 셈을 해 보는 경험을 통해 기를 수 있습니다. 따라서 교재 중심의 기계적인 수 세기나 반복적인 문제 풀이는 이 시기의 학습법으로 적절하지 않습니다.

그래서 **유치원에서는 유아기에 적합한 놀이 중심 교육과정 운영을 통해 놀이 상황에서 언어적 상호 작용과 수학적 사고를 활발히 할 수 있도록 지원합니다.** 유아기 언어발달을 위해 교사는 일상생활에서 아이와 대화하거나 또래 간의 대화 중에서 '질문'을 던져 언어 자극을 풍성하게 합니다. 또한 아이가 사용하는 언어를 교사가 확장하여 더 자세하게 문장을 완성하는 '확장 모방'을 통해서 언어발달을 촉진하기도 합니다.

예를 들어 아이가 "자동차!"라고 단어만 말한 것을 교사는 "응, 빨간 자동차가 도로 위를 달리고 있구나?"와 같이 문장으로 넓혀 주면 표현을 향상할 수 있어요. 그리고 "강아지 잔다."와 같이 불완전한 아이의 문장을 듣는다면, 교사는 "맞아, 강아지가 담요 위에서 코~ 잠을 자고 있네."와 같이 상황을 구체적으로 묘사하며 언어 자극을 제공할 수 있어요. 또 "비 와!"라는 아이의 표현을 교사는 "빗방울이 하늘에서 주룩주룩 내리고 있구나."와 같이 의성어, 의태어를 첨가해 어휘를 확장하고 모방할 수 있게 도울 수 있죠.

유아기에 수학적 사고를 발달시키기 위해 일상생활에서 사물이나 대상을 소리 내어 셀 수도 있고, 물체를 이동시키며 세기, 손가락 세기 등과 같이 다양한 '수 세기 전략'을 보여 줄 수도 있습니다. 더불어 원래 "사탕이 한 개였는데 두 개가 더 생겨서 하나, 둘, 셋. 세 개가 되었네?"와 같이 아이에게 친숙한 상황에서 논리적 사고를 자극하기도 합니다. 또 '더 많다', '더 적다'와 같이 일상생활에서 수학적 언어를 사용해서 사고가 촉진될 수 있도록 노력합니다.

가정에서는 엄마표·아빠표 한글, 수 교육을 권장합니다. 일상에서 아이가 관심을 보이는 한글 또는 대화에 자연스럽게 드러나는 수 개념에 초점을 맞춰서 자극하는 것이 중요합니다. 마트에 가서 물건을 고를 때 수 세기를 자연스럽게 경험하게 한다거나, 간단한 편지나 메모 쓰기로 익숙한 문자를 쓸 수 있는 기회를 마련해 주세요. 학습지나 방문교사를 통한 한글·수 교육이 전혀 효과가 없다고 할 수는 없지만, 유아기의 언어발달과 수 개념 발달 특징을 이해하고 나면 고민될 것입니다. 앞으로 아이의 발달과 학습이 궁극적으로 어떤 방향으로 나아가길 바라는지 보호자들이 더 심도 있게 같이 상의해 주세요.

Q 52. 담임이 남자 교사예요

    교육계 전반에 남성 교사가 드문 상황에서 남성 교사가 우리 아이의 담임 교사가 되면 당황하거나 놀랄 수 있습니다. 실제로 남성 교사가 있는 유치원에서는 우려 섞인 질문을 받기도 합니다. "유치원에 남자 교사도 있어요?", "저희 아이가 남자를 무서워해요.", "담임은 안 하시고 업무만 보시는 건가요?" 당황스러움과 불안감이 섞인 보호자의 마음도 이해가 갑니다.

    하지만 우리 아이들은 담임 교사가 '남자'라는 사실에 별로 놀라지 않고 대수롭지 않게 여기는 경우가 많습니다. 실제로 남성 담임 교사와 생활하는 아이들을 보면 담임 교사가 남성이라는 사실을 특별하게 생각하지 않습니다. 이 시기 아이들은 성 역할에 대한 고정 관념이 없기 때문이지요. 간혹 같은 유치원 교사끼리도 남성 교사에게 "아이들이 좋아하겠어요, 남자 교사가 활동적으로 잘 놀아 주니까."라고 말하곤 하는데, 아이들은 그런 이유로 교사를 좋아하는 것도 아닙니다. 그저 담임 교사라는 이유만으로 무한하고 무조건적인 사랑을 가질 뿐입니다.

남성 교사와 함께하는 것 자체가 드물어서 아이에게는 '특별한 경험'이 될 수 있습니다. 유치원뿐만 아니라 초중고교에서도 여성 교사의 비율이 꾸준히 늘고 있습니다. '2024교육기본통계'에 따르면 초등학교 교원의 76.7%가 여성이라고 합니다. 그러니 초등학교에 입학한 후 6년 동안 남성 담임 교사를 한 번도 만나지 못하는 학생의 수도 나날이 증가하고 있습니다. 이러한 현실은 사회적으로도 우려되는 지점이 있습니다. 담임 교사로 여성 교사만을 경험하면서 성 고정관념이 강화될 수도 있고, 성 역할 다양성이 부족해질 수 있으며, 다양한 의사소통 방식과 사고 양식을 배우는 데 한계가 있을 수 있기 때문입니다.

반면 남성 교사와 함께하면 아이가 가족 이외의 남성에 대한 좋은 롤모델을 보고, 성 역할과 정체성 발달에 긍정적인 영향을 받아 다양한 의사소통 방법과 사고 양식을 배울 수 있습니다. 생각해 보면 육아에서도 아빠(남성 보호자)의 높은 참여 수준이 중요합니다. 아이의 인지, 언어, 사회·정서 발달에 긍정적인 영향을 미친다는 교육 이론도 있지요. 그렇다면 교육기관에서도 남성 교사와 여성 교사를 고루 경험하는 것이 아이의 발달에 긍정적인 효과가 있음을 짐작할 수 있습니다. 더욱이 가족의 형태가 다양해지고, 가정 내 성 역할이 다변화되면서 주말 부부, 교대 근무와 같이 특정 성별 보호자와 아이가 만나는 빈도가 다르고, 부모의 양육 태도 등의 차이로 남성 보호자의 역할이 약화된 경우에는 남성 교사로부터 아빠나 삼촌 같은 든든한 심리적 지원을 받을 수도 있을 것입니다.

Q 53. 학부모 운영위원회에 참여하고 싶어요

유치원도 여느 교육기관처럼 운영과 관련해 중요한 의사 결정을 해야 할 때가 아주 많습니다. 유치원 운영의 효율성을 높이고 의사 결정 과정에서 민주성 확보를 위한 방법 가운데 하나로 외부인이 참여하는 위원회를 운영합니다. 학부모 운영위원회는 학부모가 유치원 운영에 참여할 기회를 제공함으로써 학부모와의 소통과 협력을 강화하고 신뢰를 높이며, 유치원 운영에 대한 이해를 돕는다는 점에서 긍정적인 효과를 기대할 수 있는 장치입니다.

유치원에서 운영하는 위원회의 종류는 기관마다 조금씩 다릅니다. 대체로 유치원의 전반적 운영에 관한 의사 결정을 담당하는 **운영위원회**, 학부모의 의견을 반영하고 유치원과의 소통을 촉진하기 위한 **학부모위원회**, 유치원의 안전과 관련된 문제를 관리하는 **안전관리위원회**, 유치원에서 제공되는 급식의 품질과 영양을 관리하는 **급식위원회**, 일정 금액 이상의 물품을 구입하거나 계약을 체결할 때 진행하는 **물품선정위원회** 등으로 구성됩니다.

  이 중에서도 유치원 운영위원회는 유아교육법 제19조에 따라 일정 규모 이상의 유치원이라면 반드시 설치하고 운영해야 합니다. 운영위원회는 해당 유치원의 교원 대표와 학부모 대표로 구성되고, 이를 위해 유치원에서는 3월경 학부모 위원 선출 절차를 진행합니다. 운영위원회는 연 1회 이상 개최해야 하는데 일반적으로 학기 초인 3~4월경에 정기 위원회가 열립니다. 이후 학사일정 변경이나 예결산 등 회계 관련 심의가 필요한 경우에도 위원회가 개최됩니다. 만약 유치원 운영위원회에 참여하고 싶다면 이때 유치원에서 안내하는 내용을 잘 살펴보고 지원하면 됩니다. 많은 보호자들이 유치원에서 운영하는 위원회에 관심을 가지고 적극적으로 참여해 주시면 참 좋겠습니다. 유치원을 내실 있게 운영해 교육의 질을 향상하는 데 큰 도움이 될 것입니다.

Q 54. 우리 아이가 친구를 때렸다는 전화를 받았는데, 어떻게 대처하면 좋을까요?

전화기에 유치원 번호만 떠도 깜짝 놀라는 보호자도 계시죠? 연락이 왔을 때 당혹스러운 경우 중 하나가 바로 우리 아이가 친구를 때렸다는 얘기를 들었을 때가 아닐까요? 친구를 때리는 행위는 '폭력' 혹은 '폭력적 행동'으로 여겨지기 때문이겠죠. 이런 상황이 생기면 교사는 대부분 보호자에게 연락해서 의견을 나누며 해결 방법을 논의합니다. 이때 보호자가 염두에 둘 점이 있습니다. **유아기 아이들이 친구를 때리는 행동은 폭력적인 성향이 있어서라기보다는 적절한 의사소통이나 감정 표현의 방법들을 잘 몰라서 그런 경우가 훨씬 더 많다는 점입니다.** 그러니 너무 당황하거나 앞서서 걱정하기보다는 침착하게 상황을 파악하고 적절하게 대응하는 것이 중요합니다.

이 과정에서 **보호자가 가장 먼저 해야 할 일은 상황을 명확하게 파악**하는 것입니다. 선생님에게 연락하여 "혹시 친구를 때리기 전에 어떤 상황이었는지 좀 더 자세히 문의해도 될까요?"라거나 "앞으로 같은 일이 반복되지 않게 집에서 어떻게 지도하면 좋을지 조언해 주시면 감사하겠습니다."라고 하면서 아이가 친구를 때린 이유와 전후 상황, 당시 아이의 감정 상태 등을 알아봅니다.

두 번째, 하원 후 아이에게 당시 상황을 들어 봅니다. 이때 중요한 점은 아이의 감정을 수용해 주면서도 그것이 올바른 행동이 아니라고 명확하게 가르쳐야 한다는 것입니다. "친구가 네 장난감을 말없이 가져가 화가 났지? 화가 났더라도 친구를 때리는 건 절대 하면 안 되는 행동이야."라는 식으로요. 그러고 나서 "그럴 때는 '지금은 혼자 놀고 싶어.', '그렇게 하면 내가 속상해.'라고 말하는 거야."라고 자기의 상황이나 감정을 구체적으로 표현하는 방법, 화가 났을 때 감정을 다루는 방법 등을 알려 준다면 이후 같은 상황에 처했을 때 아이가 배운 방법들을 활용해 볼 수 있겠지요.

세 번째, 아이가 친구에게 사과하도록 지도해야 합니다. 사과는 잘못을 인정하고 상대방에게 자기의 진심을 표현하는 매우 중요한 과정입니다. 아이가 직접 친구에게 사과할 수 있도록 가정에서 도와주세요. "사과는 너의 마음을 담아서 친구에게 '미안해'라고 말하는 거야. 엄마 아빠가 어떻게 하면 되는지 보여줄게. 같이 연습해 보자. 그리고 준비되면 선생님께 이야기해서 친구에게 사과하자."라고요. 이 과정에서 교사와 지속적으로 소통한다면 교육의 효과를 더욱 높일 수 있습니다.

만약 아이의 행동이 일회성에 그치지 않고 반복해서 발생한다면, 아이의 행동을 면밀하게 살펴보고 원인을 찾아내야 합니다. 겉으로 잘 드러나지 않는 스트레스나 불안, 긴장, 그 외 신체적·환경적 요인 등이 아이의 행동에 영향을 미칠 수 있으므로, 필요한 경우 전문가의 도움을 받아 아이의 상태를 확인하는 것도 도움이 됩니다.

Q 55. 유치원에서도 CCTV를 열람할 수 있나요?

유치원 생활에서 보호자들이 가장 신경 쓰는 부분 중 하나가 아이의 안전입니다. 유치원에서도 여러 안전교육을 실시하여 예기치 못한 안전사고까지 예방하려고 노력하고 있지만, 만약을 위해 CCTV를 설치하기도 합니다.

CCTV 영상 열람은 정당한 이유가 있다면 가능합니다. 교육부에서도 각 기관이 CCTV를 적절하게 활용하도록 CCTV 설치 및 열람에 대한 가이드라인을 만들어 배포한 바 있습니다. 예를 들어 아이의 안전을 확인해야 하는 상황이거나 절도 같은 재산상의 특정 사건이 발생했을 때 볼 수 있습니다. 그래서 CCTV 영상을 보고 싶다면 미리 유치원에 문의하여 요청하고, 필요한 절차를 거쳐야 확인할 수 있습니다. 표를 참고하세요.

CCTV 영상에는 다른 아이들의 모습도 담길 수 있기 때문에 개인정보 보호를 위해 모든 영상을 자유롭게 열람할 수는 없습니다. 만약 **보고자 하는 영상에 내 아이 외에 다른 아이가 있다면 비식별 처리(모자이크)를 하거나 개인영상정보 제3자 제공 동의서를 받아야 열람할 수 있습니다.** 교육부 가이드라인에서는 특히 **아동학대가 의심될 때는 가급적 수사기관과 함께 열람하도록 권고하고 있습니다.** 하지만 아동학대로 의심되지 않더라도 학부모가 아래 그림의 절차를 밟아 요청하면 사법기관이나 경찰 등 외부기관의 허락 없이도 열람할 수 있습니다. 열람은 동의서를 받아

CCTV 영상의 열람 신청 절차는?

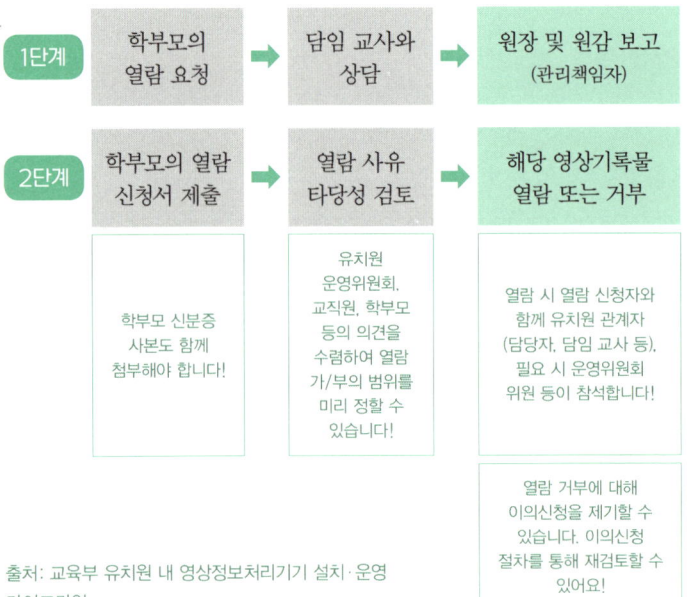

출처: 교육부 유치원 내 영상정보처리기기 설치·운영 가이드라인

둔 경우, 모자이크 처리를 한 후 가능합니다.

어린이집의 경우에는 보육실, 공동놀이실, 식당, 강당 등에 CCTV 1대 이상 설치가 의무화되어 있습니다. 반면 유치원은 CCTV 설치 및 운영이 의무는 아닙니다. 물론 일부 유치원에는 CCTV가 설치되어 있습니다. 최근 정부의 실행계획에서는 이러한 점들에 대해 관련 전문가와 단체들의 의견을 듣고 충분한 논의를 거쳐 바른 합의안을 마련하기 위해 노력하고 있습니다.

Q 56. 유치원을 옮기고 싶어요. 전학은 어떻게 하죠?

≡ 옮겨야 하는 이유부터 짚어 보세요

유치원 전학을 고민 중이시군요. 전학은 이사나 보호자의 직장 발령 등으로 어쩔 수 없이 해야 할 때도 있지만, 남들에게 말 못할 마음의 갈등이 생겨 전학을 고민하는 경우도 있습니다. 두 고민의 과정은 전혀 달라야 합니다. 어떻게 결정하면 좋을지 함께 생각해 볼까요?

먼저 '유치원을 옮기고 싶다'라는 마음이 생긴 원인을 찾아야 합니다. 또 '유치원 전학을 희망한 사람(주체)이 누구인가?'를 살펴야 합니다. 아이가 먼저 "나 다른 유치원에 가고 싶어!"라고 표현했는지, 보호자가 '다른 곳에 보내고 싶다'고 먼저 생각했는지 고민의 주체를 살펴보는 것이죠.

아이가 '다른 데로 가고 싶다'라고 말했다면, 왜 그러한 표현을 했는지 들여다보아야 합니다.

평소 아이 앞에서 어른들이 무심결에라도 학원을 옮기자거나 다른 유치원을 보내면 좋겠다고 말했다면 아이도 이런 말을 선뜻 내뱉을 수 있습니다. 아직 아이는 감정 표현이 서툴기 때문에, 친구와의 갈등이나 수줍음, 불편함 등을 비교적 말하기 쉬운 회피의 언어로 표현했을 수도 있습니다. 그래서 유치원을 옮기고 싶다는 말에 어떤 속마음이 담겨 있는지 잘 파악해야 합니다. 이때는 **현재 다니고 있는 유치원의 담임 교사와 상담해 보세요. 최근 아이의 또래 관계나 일상생활에 대해 들어 보는 겁니다. 아이와도 지금 다니는 유치원에서 어떤 불편함을 느꼈는지 대화해 보세요.**

만약 교사나 아이와의 대화를 통해 갈등이나 어려움을 확인했다면, 파악한 문제를 해결하는 방법을 먼저 시도해야 합니다. 어려움이 있다고 해서 바로 전학을 결정한다면 아이가 또다시 사회적 갈등이 생겼을 때 회피하는 방법부터 배울 수 있으니 잠시 멈춰 서서 생각할 필요가 있습니다. 이 시기의 유아는 사회적 관계를 학습합니다. 보호자가 교사와 힘을 합쳐 아이를 믿고, 안정감 있게 지지해 주는 것이 중요합니다. 보호자가 아이 앞에서 현재 상황에 불안감을 드러내면 아이가 어려움을 더 많이 느낀다는 점을 기억해 주세요.

다른 원인으로, 보호자가 유치원 생활에 만족하지 못해 전학을 결정하는 경우를 생각해 보겠습니다. 아이는 큰 문제 없이 유치원에 다니고 있는데, 보호자가 불편하거나 불안해서 유치원을 옮기고 싶어 하는 경우입니다. 교사가 불친절하다거나 평소 아이에 관한 상담이나 사진 공유가 충분하지 않다거나 같은 교사와의 관계나 소통이 문제가 되는 거죠. 이때는 아동 권리 최우선의 원칙을 따라 아이에게로 시선을 돌려 보세요. 보호자가 느끼는 불만족이 우리 아이에게 실제 부정적인 영향을 미치고 있는지를 살펴보는 것이죠. 그렇다고 해서 불만을 무조건 참아야 한다는 것은 아닙니다. 교사와 보호자 사이의 협력은 유치원의 기본이자 출발점이니까요.

유치원에 감정적인 불만을 쏟기보다는 개선 방향을 생각해 보고 바꿀 수 있는지 물어보세요. 예를 들어 우리 아이에게 교사의 관심이 부족한 것 같아 걱정이라면 "요즘 우리 아이의 유치원 생활이 궁금해요."라며 상담을 신청하세요. 교사가 평소 관찰한 자료들을 모아 보호자와 소통할 수 있을 거예요. 알림장에 드러나는 사진이나 놀이 이야기 이외에도 교사는 더 많은 내용을 관찰해서 기록하고, 평가와 지원도 하고 있거든요.

그러나 개인의 편리에 관한 요청, 예를 들어 갑작스러운 통학 차량 이용 시간 변경 신청이나 학급 이동 등의 요청은 상황과 안전의 이유로 모두 수용되기 어려울 수 있으니 서로 깊게 대화하고 고민해야 합니다. 또 우리 아이 사진을 더 예쁘게 찍어 달라거나, 입고 간 옷 그대로 깨끗이 하원할 수 있도록 해 달라는 등의 요청은 유치원의 일과와 교육 활동 상황을 이해한 후 재고할 필요가 있습니다. 다른 반이나 이전 교사와 비교하기보다는 유치원의 환경과 일과, 교육 활동을 먼저 생각해 주세요. 보호자로서, 교사로서, 아이들을 지켜 나가는 어른으로서 항상 모든 결정의 중심에 아이를 두는 현명함이 필요합니다.

전입학 절차는 이렇게

　살던 곳을 옮기게 되면 챙겨야 할 일들이 참 많습니다. 그때 가장 중요한 일 중 하나가 바로 아이가 다니는 학교의 전·입학 처리입니다. 유치원 역시 학적 구성 및 변경 처리를 위해서 초·중·고등학교와 마찬가지로 정해져 있는 전·입학 절차에 따라야 합니다.

　유치원 전입학을 위해 가장 먼저 해야 할 일은 이사할 곳에서 아이가 다니기에 적합한 기관을 찾는 것입니다. 그런 다음 관심이 가는 기관에 전화나 방문 상담을 통해 입학 가능 여부를 확인합니다. 입학이 가능한 것을 확인했다면 현재 다니고 있는 유치원에 전학 계획을 알린 후 전출 일정을 조율합니다. 간혹 현재 아이가 다니는 유치원에 전학 계획을 말하기가 미안하거나 껄끄러워서 옮기기 직전이나 이사 당일에 유치원에 알리기도 합니다. 그런데 이렇게 하면 전학을 위한 행정 처리가 늦어지고, 간식비나 교재비 등 부모의 비용 부담이 발생할 수도 있으니 전학이 확정되는 즉시 유치원에 알리는 것이 가장 좋습니다.

현재 다니는 유치원에서 요청하는 서류가 있다면 제출하고, 납부해야 할 비용이 있다면 납부합니다. 이것으로 현재 다니는 유치원에서의 전출 처리는 완료됩니다. 마찬가지로 새로 다닐 유치원에서 요청하는 서류나 준비물이 있다면 이에 따라 준비 및 제출하면 됩니다. **현재 다니는 유치원에서의 학적 기록(유치원 생활기록부, 출결사항 등)은 전출·전입하는 두 유치원 간 업무 시스템으로 전달되므로 보호자가 따로 챙길 필요가 없습니다.**

지금까지 유치원에서 유치원으로 옮길 때의 전출입 절차를 설명했습니다. 만약 어린이집에 다니다가 유치원으로 옮기는 경우라면 전학이 아니라 '신입학'으로 처리됩니다. 이때는 업무

시스템이 연결되지 않으니 신입학생에게 필요한 별도 서류를 요청받을 수 있습니다. 마찬가지로 유치원에 다니다가 어린이집으로 옮길 때도 더 이상 유치원에 다니지 않는 것이므로 '자퇴'로 처리가 된다는 점 참고해 주세요.

Q 57. 출석 일수가 중요한가요? 결석은 어떻게 해야 하죠?

결론부터 말하면, 정부 지원을 받는 기준이 출석 일수이기 때문에 중요합니다. 유치원 교육과정 및 방과후 과정의 기본 비용은 정부 지원금으로 운영됩니다. 국공립유치원의 경우에는 이 지원금으로 모든 운영비가 충당되므로 보호자가 실제 부담하는 비용이 거의 발생하지 않고, 사립유치원의 경우에는 이 지원금 외에 추가로 발생하는 비용이 보호자 부담금으로 청구됩니다. 이때 매월 최소한의 출석 일수를 충족해야만 정부 지원금을 전액 지원받을 수 있습니다.

그렇다면 최소한의 출석 일수는 며칠일까요? '2025학년도 유아 학비 지원계획'에는 **월 15일 이상을 출석해야 해당 월의 유아 학비를 전액 지원받을 수 있다**고 규정되어 있습니다. 주말이나 공휴일과 연속한 날에 출석했다면 주말과 공휴일도 출석 일수에 포함됩니다. 예를 들어 볼까요? **만약 금요일에 등원하고 월**

요일에 결석했다면, 금요일부터 일요일까지 총 3일이 출석 일수가 됩니다. 하지만 금요일과 월요일 모두 결석했다면 해당 기간의 출석 일수는 0일이 되지요. 그러니 이 계산 방식에 따르면 실제 출석한 날이 15일보다 적더라도, 경우에 따라 학비 지원 기준에 따른 출석 일수는 15일 이상이 될 수도 있습니다.

계산 방식이 복잡하다는 생각이 들 수도 있을 텐데요, 아무래도 학비 지원과 출석 일수가 연계돼 있다 보니 명확한 기준에 따라 처리해야 하는 부분이라 그렇습니다. 그렇다면 만일 15일의 출석 일수를 채우지 못했다면 어떻게 될까요? 해당 아이의 아이 학비 지원금을 최대 금액이 아니라 일할 계산한 금액으로 지원받습니다. 그 결과 초과 비용이 발생하면 보호자가 이 금액을 납부해야 하죠. 그러니 불가피한 경우가 아니라면 출석 일수가 부족하지 않게 관리하는 것이 좋겠지요?

만일 **결석을 해야만 할 상황이 생긴다면 사전에 유치원에 연락**해 결석 사유와 결석 기간을 알립니다. 결석 사유에 따라 유치원에 해당 서류를 제출해야 할 수도 있기 때문입니다. 예를 들면 천재지변, 가족 여행을 포함한 부모 동행 체험학습, 경조사 등의 경우에는 결석이 출석으로 인정되거든요. 이때 사유에 해당하는 서류를 제출해야 합니다. 질병으로 인한 결석도 마찬가지로 **병원 진단서**나 **입원 확인서**와 같은 관련 서류를 유치원에 제출해야 합니다. 이 외의 경우에는 유치원 연락 외에 별도의 절차를 거치지 않아도 됩니다.

참고로, **유치원에 연락하지 않고 이틀 이상 무단결석 시에는 결석으로 처리**되고 자칫 아동학대 의심 사안으로 처리될 수도 있습니다. 그러니 결석 시에는 꼭 사전에 유치원에 연락하기, 잊지 마세요!

Q 58. 대면 상담을 위해 미리 알아 둘 체크리스트나 에티켓이 있나요?

아이의 유치원 생활, 참 궁금한데 들여다볼 수 없어 답답한 마음이 들곤 합니다. 이럴 때 유치원에서 실시하는 정기상담이나 수시상담을 잘 활용하면 불안한 마음을 가라앉히고 교사와 유치원에 대한 신뢰도를 높일 수 있습니다. 무엇보다 아이의 유치원 생활을 좀 더 편안한 눈으로 바라볼 수 있게 될 겁니다.

유치원에서 이루어지는 상담은 대개 신학기 상담, 3월 말~4월 초 1학기 정기상담, 9월 말~10월 초 2학기 정기상담으로 나뉩니다. 학기 중에도 의논이 필요한 상황이 발생할 때면 수시로 상담할 수 있습니다. 그중 신학기 상담과 1학기 정기상담 때는 교사가 아이를 관찰하고 파악할 만한 시간이 충분하지 않은 상태입니다. 이때는 **보호자가 우리 아이의 특성이나 특별히 전하고 싶은 이야기를 교사에게 충분히 전달해야 합니다.** 그리고 2학기 정기상담에서는 1학기 정기상담에서 주로 다룬 내용을 중심으로 아이의 성장 과정과 교사의 지도 방향 등을 함께 다루게 됩니다.

유치원 상담 체크리스트

대분류	소분류	내용
아이의 특성	기본 생활 습관	스스로 자신의 물건이나 놀잇감을 정리할 수 있나요?
		식사량은 적당한가요? 유치원에서 골고루 먹는 편인가요?
		일과의 흐름에 잘 따르는 편인가요? 교사의 지도를 잘 따르나요?
	또래 관계	친구들과 함께 놀이하는 데 어려움은 없나요?
		자신의 의사를 친구들에게 말로 잘 표현하는 편인가요? 불편한 기분을 적절한 방법으로 표현하나요?
	기타	가정에서 지도가 필요한 부분이 있나요?
유치원 환경	교실 환경	몇 명의 친구들과 함께 생활하나요? 성비는 어떻게 되나요?
		교실에 보조 인력이 있나요?
	일과 구성	간식 및 점심 식사 시간이 언제인가요?
		하루의 일과를 시작하는 시간이 정해져 있나요?
		바깥놀이 시간/대근육 활동 시간이 얼마나 있나요?

그런데 막상 상담을 진행하려고 하면 무엇을 어떻게 물어봐야 할지 잘 모르겠다고 호소하는 보호자가 많습니다. 이런 보호자들을 위해 유치원 상담 시 교사와 이야기를 나누어 보면 좋을 만한 내용을 체크리스트로 정리했습니다.

항목 중 아이의 특성에 관한 부분은 보호자와 교사가 서로 묻고 답할 수 있는 내용이에요. 보호자는 가정에서 혹은 양육자와 함께 있을 때 아이의 모습에 대해, 교사는 교실에서의 아이의 모습에 관해 이야기하게 되겠죠. 이를 통해 아이에 대해 실질적이고 종합적인 이해가 가능해집니다.

위와 비슷한 형태의 체크리스트를 원에서 배부하고 작성을 요청하기도 합니다. 이때에는 모든 내용을 상세하게 기록하기보다는 **유치원 생활과 관련이 있을 법한 내용을 중심으로 작성**하면 좋습니다. 예를 들어 기상 시간과 수면 패턴, 식습관과 등원 전 식사 여부 등은 유치원 등원 후 컨디션에 영향을 미칠 수 있으므로 알려 주시면 좋아요. 또래 또는 형제자매와의 놀이 방식이나 의사소통 방식도 유치원에서의 생활지도에 도움이 됩니다. 이 외에 보호자가 양육하면서 특별히 신경을 쓰거나 걱정하는 부분이 있다면 적어 주세요. 함께 이야기를 나누다 보면 아이에 대한 이해를 도울 수 있습니다.

일반적으로 상담 시간은 20~30분 내외로 정해져 있으니 보호자가 궁금한 내용의 우선순위를 정해 상담에 임하면 좀 더 효율적으로 시간을 활용할 수 있습니다. 준비한 이야기를 다 나누지 못했더라도 이후 전화 상담이나 등하원 시간 등을 활용해 이야기를 나눌 수 있는 기회가 많으니, 정기상담에서 많이 이야기해야 한다는 부담은 조금 내려놓으셔도 좋습니다.

마지막으로, 상담할 때 기본적인 에티켓을 지켜 주시기를 부탁드립니다. 간혹 감정이 너무 격앙된 상태로 유치원에 전화하는 보호자가 있어요. 거친 표현을 쓰며 불만을 표출한다거나 아이의 말만을 곧이곧대로 믿고 그것이 마치 사실인 양 항의하는 경우가 종종 있지요. 그런데 사실을 확인해 보면 아이의 말과는 전혀 다른 경우도 매우 많습니다. 그러니 **아이의 말을 듣고 혼자서 고민하며 감정을 키우기보다는 교사와 소통하면서 사실을 확인해서 교사와 보호자가 함께 아이의 성장과 올바른 교육을 위한 방안을 모색하는 수단으로 상담을 적극적으로 활용**하면 참 좋겠습니다.

Q 59. 말이 또래보다 조금 느린 것 같아 걱정이에요

 아이가 또래보다 말을 늦게 시작하거나 단어 표현이 적어서 걱정할 때가 있습니다. 특히 영유아 시기에 언어발달은 인지발달과 밀접하게 연결돼 있기 때문에 불안한 마음이 드는 것은 당연합니다. "혹시 우리 아이 발달에 문제가 있는 건 아닐까?" 하는 생각이 들 때 보호자는 어떻게 대처하면 될까요?

 먼저, 아이의 언어발달 상황을 객관적으로 확인하는 것이 중요합니다. 아이들은 같은 발달 과정을 거치며 성장하지만, 그 속도가 모두 동일하지 않습니다. 내 아이가 잘 성장하고 있는데도 다른 아이와 비교하며 걱정할 때도 있고, 도움이 필요한 상황인데 시기를 놓치기도 하죠. 따라서 객관적인 지표로 아이의 발달 상태를 확인하는 것이 중요합니다. 아이의 발달 상황을 객관적으로 정확히 판단해야 아이의 언어발달을 어떻게 도와줄지 방향을 잡을 수 있기 때문입니다.

그렇다면 객관적인 지표는 어디에서 찾을 수 있을까요? 일단, 보건복지부와 질병관리청이 제공하는 '한국영유아발달선별검사' 체크리스트를 활용해 보세요. 이 책 242~245쪽 '언어발달 체크리스트'는 아이의 연령에 따라 객관적인 지표가 제시되어 있으니 아이의 발달 상황을 항목별로 체크해 보세요. 아이의 언어발달 상태를 체크한 후에도 여전히 언어 지연이 의심된다면 전문가의 상담과 정확한 평가를 받아 볼 것을 추천합니다.

다음으로, 자연스럽게 언어발달이 이루어질 수 있는 환경을 조성해 보세요. 언어발달의 중요한 성장 포인트는 자연스러운 상호 작용에 있습니다. 언어란 자기의 생각을 적절하게 표현하고, 상대방의 언어에 집중하여 반응하는 상호 작용의 도구입니다. 언어를 통해 세상을 탐색하고, 타인과 관계를 맺는 것이죠. 이를 돕기 위해서는 아이를 잘 관찰하고, 아이 스스로 표현할 수 있는 기회를 제공해야 합니다.

아이의 언어발달이 늦을 때 보호자는 조급해지기 쉽습니다. 아이가 빨리 말을 했으면 좋겠다는 생각에 단어를 많이 알려주고, 아이가 준비가 안 되었는데도 표현을 재촉하며 빠른 반응을 요구하죠. 그런데 이러한 대응은 오히려 아이가 스스로 성장할 수 있는 시기를 더욱 늦춥니다. 여유를 갖고, 아이가 소통을 시도할 때까지 기다려 주세요. 또 아이가 대화하고 싶은 동기가 생기도록 좋아하는 캐릭터, 좋아하는 활동 상황을 만들어 주세요. 둔한 몸짓, 부정확한 발음이더라도 스스로 표현할 때 성장이 따라옵니다. 이런 모습을 보일 때 적극적으로 격려하고, 적절하게 반응해 주세요. 그래야 아이가 다시 대화하고자 하는 마음이 생길 겁니다.

덧붙여 아이의 언어발달을 도울 수 있는 실질적인 팁을 알려드리겠습니다. '아이'의 눈높이에서 상호 작용을 시도하세요. **아이의 시선으로 바라보고, 아이의 생각을 유추해 반응하며, 아이가 맞을 상황을 상상해 보세요.** 유치원에서 또래와 어떤 놀이를 하게 될까? 아이는 자기의 필요를 교사에게 어떻게 표현할까? 등원해서 하원할 때까지 어떤 상황이 펼쳐질까? 보호자가 상상하고 아이의 일과에 대해 예측을 세심하게 할수록 아이의 언어발달을 도울 수 있는 긍정적인 상호 작용 환경이 마련될 것입니다.

언어발달은 우리 아이들에게 매우 중요한 발달 과업입니다. 그래서 아이의 발달에 부스터를 달아 급격한 성장이 이루어지길 바라는 것이 보호자의 마음일 수밖에 없습니다. 하지만 이것만은 기억하면 좋겠습니다. 지금 아주 잘하고 있는지는 모르겠지만, 우리 아이들은 오늘도 계속 자라고 있다는 사실을요.

언어발달 체크리스트

아래 문항은 보건복지부와 질병관리청이 제공하는 '한국영유아발달선별검사(K-DST)' 중 '언어 이해 및 표현' 영역을 기반으로 구성된 것으로, 실제로 전국 보건소와 소아청소년과 병의원에서 사용하는 공신력 있는 자료입니다. 아이의 개월 수에 따라 각 문항을 읽고, 우리 아이가 그 행동을 한다면 체크해 보세요.

문항 중 절반 이상이 해당하지 않거나 걱정되는 항목이 있다면, 가까운 보건소나 전문가 상담을 통해 조금 더 정밀하게 확인해 보는 것이 좋습니다.

만 24~26개월

- ☐ 3개 이상의 단어를 연속해서 말할 수 있다.
- ☐ 익숙한 사물의 이름을 말할 수 있다.
- ☐ "물 줘", "엄마 와" 등 두 단어 문장을 사용할 수 있다.
- ☐ 자신이 원하는 것을 말로 표현하려 한다.
- ☐ 부모의 간단한 말("이거 갖다 줘")을 이해하고 따른다.

만 27~29개월

- ☐ 50개 이상의 단어를 말할 수 있다.
- ☐ 자주 사용하는 단어를 조합해 새로운 문장을 만든다.
- ☐ 간단한 질문에 말로 대답할 수 있다.
- ☐ 사물의 기능(예: 컵은 물을 마실 때 쓰는 것)을 말할 수 있다.
- ☐ 주변 사람과 말을 주고받으며 놀이를 이어 간다.

만 30~32개월

- ☐ "이거 뭐야?", "왜 그래?" 등 질문을 자주 한다.
- ☐ 3~4어절 문장을 말할 수 있다.
- ☐ 엄마, 아빠 외에 사람도 아이의 말을 50% 이상 이해할 수 있다.
- ☐ 그림책을 보며 등장인물이나 상황을 말로 설명한다.
- ☐ 말과 행동을 함께 사용해 자신의 감정을 표현한다.

만 33~35개월

- ☐ 4~5어절 문장을 사용해 자신의 의사를 표현한다.
- ☐ 과거에 있었던 일을 말로 설명할 수 있다.
- ☐ "왜?", "어떻게?"와 같은 질문에 대답할 수 있다.
- ☐ 단어의 개념(예: 무거워, 빠르다)을 이해하고 사용할 수 있다.
- ☐ 역할놀이를 하며 말로 이야기한다.

만 36~41개월

- [ ] 낯선 사람도 아이의 말을 70% 이상 이해할 수 있다.
- [ ] 문장 끝에 조사와 어미를 적절히 붙여 말한다.
- [ ] 간단한 대화를 주고받을 수 있다.
- [ ] 자신의 느낌이나 경험을 말로 설명할 수 있다.
- [ ] 주어진 문장을 따라 말하거나 확장하여 말한다.

만 42~47개월

- [ ] 길고 복잡한 문장을 사용할 수 있다.
- [ ] 비유나 유머 표현에 반응할 수 있다.
- [ ] 같은 상황을 다양한 단어로 표현할 수 있다.
- [ ] 이야기 구조(시작-중간-끝)를 가지고 말할 수 있다.
- [ ] 상대방의 말에 맞는 말로 대답하고 질문한다.

만 48~53개월

- [ ] 구체적인 설명(예: 어떻게 했는지)을 문장으로 말할 수 있다.
- [ ] 문장을 끝맺는 말 표현이 자연스럽다.
- [ ] 복수형, 부정문 등 문법적으로 다양한 표현을 사용한다.
- [ ] 말장난이나 유사어에 반응하며 웃는다.
- [ ] 말하면서 눈 맞춤, 억양, 제스처 등을 함께 사용한다.

만 54~59개월

- [ ] 그림책이나 경험을 바탕으로 이야기를 창작하여 말할 수 있다.
- [ ] 줄거리 요약이 가능하다.
- [ ] 이유나 근거를 문장으로 설명할 수 있다.
- [ ] 관형절, 접속어(그리고, 그래서 등)를 사용할 수 있다.
- [ ] 대화 중 상대방의 반응에 맞춰 자신의 말을 조절한다.

만 60~65개월

- [ ] 추상적인 개념(예: 약속, 기분, 규칙 등)을 말로 표현한다.
- [ ] 과거·현재·미래의 시제를 구분해 말할 수 있다.
- [ ] 질문에 조리 있게 답하며, 말끝 흐림이 적다.
- [ ] 말로 자신의 의견이나 감정을 논리적으로 표현한다.
- [ ] 상황에 맞는 어휘를 선택해서 말한다.

만 66~71개월

- [ ] 어른 수준의 문법 구조에 근접한 문장을 말할 수 있다.
- [ ] 듣고 이해한 내용을 요약하거나 재진술할 수 있다.
- [ ] 유사한 의미의 단어를 구별하여 사용할 수 있다.
- [ ] 자신의 경험을 3~5문장 이상으로 조리 있게 이야기할 수 있다.
- [ ] 반박하거나 설득하는 말하기가 가능하다.

출처: 질병관리청 www.kdca.go.kr, 한국영유아발달선별검사 (K-DST) 개정판, 국민건강보험 www.nhis.or.kr 국가건강검진 정보

Q 60. 특정 발음만 안 되는데 집에서 교정할 수 있을까요?

아이가 말을 배우려면 다양한 요소가 필요합니다. 따라서 특정 발음이 어려운 데에는 여러 가지 이유가 있을 수 있어요. 예를 들어 혀의 조절력이 아직 미숙하거나 입술·혀·입천장 등 조음 기관의 근육 발달이 충분하지 않아서, 혹은 발달 단계상 아직 특정 소리를 내기 어려운 시기일 수 있습니다. 또 일부 아이들은 ㅈ, ㅊ, ㄹ, ㅋ 같은 조음이 복잡한 소리를 발음하는 데 어려움을 보이곤 합니다. 이럴 때는 다음 방법을 가정에서 시도해 보면 도움이 될 수 있습니다.

첫째, 혀의 위치를 정확히 알려 주세요. 소리를 낼 때 혀의 위치가 발음에 큰 영향을 줍니다. '지'와 '치'를 발음해 볼까요? 혀의 위치에 따라 다른 발음이 나오지요. 혀의 위치를 잘 조정하면 정확히 발음하는 데 도움이 됩니다. 이때 문제는 뭘까요? 아이들은 혀의 위치를 눈으로 확인할 수 없다는 것입니다. 이

때문에 아이에게 시각적으로 혀의 위치를 확인시켜 주면서 알려 주는 방법을 추천합니다. 예를 들어 혀를 입천장에 붙이게 하거나, 혀의 위치를 바꿔 가면서 소리를 내게 해 주세요. 또 영상으로 혀의 위치에 따라 발음이 어떻게 달라지는지 보여 주는 것도 효과가 있습니다. 마지막으로 스스로 연습할 기회를 주면 자연스럽게 발음을 교정할 수 있습니다.

둘째, 흥미를 자극하며 발음을 연습해 보세요. 아이들은 재미를 느껴야 집중력도 높아지고 반복하려는 의욕도 생기거든요. 아이가 자주 듣고 좋아하는 소리나 단어를 활용하면 반응이 빠르죠. 예를 들어 〈바나나차차〉 노래를 가지고 바나나 '치치', 바나나 '지지' 같은 말놀이로 발음 연습을 할 수 있어요. 특히 아이가 어릴수록 촉감 같은 감각적인 자극을 활용하면 더 효과적이에요. 예를 들어 여러 가지 촉감이 다른 종이를 준비해서 '치치'나 '지지' 같은 발음에 맞춰 종이를 선택하게 해 보세요. 이렇게 하면 소리 차이를 구분할 수 있고, 자연스럽게 정확한 발음을 연습할 수 있답니다.

셋째, 일상에서 자연스럽게 발음을 연습하게 해 주세요. 정확한 발음을 연습하는 목적은 일상생활에서 의사소통을 원활하게 하려는 데 있습니다. 따라서 평소 대화나 활동 중에, 특히 유치원에서 일어날 만한 상황을 연출해서 자연스럽게 발음을 연습할 기회를 주면 좋아요. 유치원에서 부르는 노래나 아이가 좋아하는 유튜브 영상의 음원을 활용해서 연습할 수도 있고, 역할 놀이를 하면서 말로 주고받는 상호 작용을 할 수도 있습니다. 이때 중요한 건 아이가 틀리더라도 바로 고치려 하기보다는 보호자가 바른 발음을 모델링해 주는 거예요. 발음이 부정확하거나 말을 더듬는 경우에는 심리적인 요인도 영향을 미치거든요. 아이가 심리적으로 위축되면 발음하기를 피하거나 심각한 문제로 인식할 수 있어요. 아이가 "슉슉 달려~!"라고 하면, 보호자가 "맞아, 쭉쭉 달려 볼까?"라고 올바른 발음을 들려주면 됩니다.

그 외에 구조적인 조음이나 심리적 이유로 발음하기 어려울 때에는 전문 언어치료사의 도움을 함께 받는 것도 좋은 방법입니다. **발달재활 바우처는 발달지연이나 발달장애가 의심되거나 진단받은 아동이 다양한 치료 서비스를 받을 수 있도록 정부에서 지원하는 제도입니다.** 장애인 등록 시 만 18세까지, 비장애 아동의 경우 만 9세까지 지원을 받을 수 있으며, 언어·인지·행동·정서·감각 영역에서 지연이나 장애 진단을 받은 아동이 대상이 됩니다.

지원 가능한 서비스는 언어치료, 미술치료, 놀이치료, 감각통합치료, 인지치료 등이며 정부는 월 최대 22만 원까지 지원합니다. 다만 가구의 소득 수준에 따라 1~5등급으로 나뉘어 본인 부담금이 달라집니다.

Q61. 잠시도 가만히 못 있는 우리 아이, ADHD일까요?

"가만히 좀 있어!" 아이를 키우면서 하루에도 몇 번씩 나오는 말이죠. 특히 유치원이나 병원, 식당같이 조용히 기다려야 하는 상황에서 아이가 의자에 오래 앉아 있지 못하고 이리저리 움직이며 말을 자주 거는 모습을 보면 보호자로서는 걱정이 앞설 수밖에 없습니다. '혹시 우리 아이, ADHD인가?' 하는 생각이 들기도 하죠. 하지만 이럴수록 아이의 행동을 주의 깊게 관찰하고, 발달 단계와 주의력 결핍 장애, 즉 ADHD(Attention Deficit/Hyperactivity Disorder)에 대한 정확한 정보를 바탕으로 접근하는 것이 중요합니다.

만 4~6세 아이들의 상당수는 집중하는 것을 어려워하고, 뛰어다니고, 가만히 못 있는 경우가 많습니다. **이 시기에는 자기 행동을 조절하는 뇌 기능이 완전히 발달하지 않았기 때문이지요. 아이들 사이에서도 개인차가 커서, 어떤 아이는 상대적으로 얌전**

하고 다른 아이는 활동적일 수 있습니다. 또 환경적 차이도 큰 영향을 미칩니다. 정적인 집중력이 요구되는 장소에 있을 때나 그러한 활동을 할 때 아이의 산만함이 더욱 두드러질 수 있어요. 실제로 최근 연구에 따르면 남자아이가 여자아이보다 ADHD로 진단 받는 경우가 더 많다고 보고되고 있어요. 이것은 뇌 발달 특성과 활동성 차이와 같은 발달적 이유도 영향을 주지만, 여자아이의 경우 상대적으로 조용하고 눈에 덜 띄는 방식으로 어려움이 나타나 진단이 늦어지거나 간과되는 경우도 있기 때문이라고 합니다.

이러한 발달 차이를 고려하더라도, **유치원이나 학원, 외부 활동에서 문제가 지속해서 발생하고 아이의 행동에 관해 부정적인 피드백을 자주 받는다면, 일부 교육·상담 기관에서 공개 중인 '코너스 ADHD 간편 체크리스트'를 활용해 아이의 상태를 확인해 볼 필요가 있습니다.** 이 간편 체크리스트는 보호자의 관찰을 통해서 이루어지는데, 정확한 진단을 받고자 한다면 **만 4세 이전보다는 그 이후에 진행할 것을 추천합니다.** 만 4세 이후에 표준화된 주의력 검사나 지능 평가를 통해 ADHD 여부를 점검할 수 있으며, 필요 시 소아 전문의를 통해 진료를 받을 수 있습니다. ADHD는 면밀한 진료 과정을 거친 후에야 정확한 진단이 가능합니다.

ADHD에 대해 보호자가 가장 먼저 떠올리는 치료는 약물 치료지만, ADHD를 돕는 방법으로 약물 치료만 있는 것은 아닙니다. 전문가들은 약물 치료와 함께 인지행동 치료, 보호자 교육을 권장하며, 이 세 가지 방법이 연결될 때 아이의 성장에 더 큰 효과를 줄 수 있다고 말합니다. 예를 들어 아이가 몸을 움직이며 산만한 행동을 보이면 우리는 종종 아이의 행동을 제지하기 위해 큰 소리를 내거나 지적합니다.

하지만 ADHD 아이는 스스로 조절하는 능력을 구체적으로 배워야 성장합니다. 혼나거나 지적을 받으면 부정적인 감정만 남게 되고 이 부분은 악순환의 고리가 됩니다. 오히려 아이가 산만한 행동을 보이는 원인을 파악해 보세요. 아이의 시선을 빼앗는 것이 좋아하는 장난감이라면 이 부분을 정리해 주는 것도 도움이 될 수 있습니다. 아이에게 부여된 과제가 너무 복잡해서 어떻게 행동해야 할지 몰라 산만해진 상황이라면 지시를 더 구체적이고 명확하게 알려 주는 방법도 도움이 됩니다. 무엇보다 교육을 통해 보호자가 아이에 대한 통합적 이해나 칭찬 방법, 행동 조절을 위한 소통 방법 등을 배우면 아이와 보호자 모두가 자신의 감정을 건강하게 조절하고 행동하면서 함께 성장할 수 있습니다.

Q 62. 조금 느린 우리 아이, 저는 더 기다려 보고 싶은데 교사가 자꾸 특수교육 대상자 신청을 권해요

 이 고민, 정말 공감돼요. 지금 이 질문에 답을 고민하는 저 역시 특수교육 대상자 아이를 키우는 부모이자 특수교사거든요. 저도 아이가 다녔던 어린이집 원장님이 진단 검사를 권유하셨을 때 큰 충격을 받았어요. 특수교사로 오랜 시간 현장에서 아이들을 가르쳤음에도 불구하고, 막상 제 일이 되니까 진단 검사를 미루고 싶은 마음이 들더라고요. 시간이 지나면 괜찮아질 거라는 기대도 있었고, 진단을 통해 확정되면 어떡하지 하는 두려움도 있었죠.

 만약 이런 상황이 온다면, 교사의 권유에 어떻게 대처해야 할까요? 먼저, 특수교육 대상자 선정에 대해 정확히 이해하는 게 중요해요. **'특수교육 대상자'는 장애 등록과는 다릅니다.** 장애 등록은 복지적 지원을 위한 제도로, 진단 후 정부의 복지 서비스를 받는 것이라면 특수교육 대상자는 **'장애인 등에 대한 특수**

교육법'에 따라 특별한 교육적 지원이 필요한 영유아 및 학생을 위한 제도입니다. 아이의 학습, 발달, 의사소통, 정서·행동 등에 교육적 도움이 필요하다고 판단될 경우, 보호자의 동의를 바탕으로 특수교육지원센터에서 심사와 진단을 거쳐 대상자를 선정하게 됩니다.

신청 동의를 한다고 원에서 바로 등록되는 것이 아니라 보호자의 동의 → 유치원의 신청 → 특수교육지원센터의 검사 및 심의 → 선정이라는 절차에 따라 진행됩니다. 대상자로 선정되면 아이는 무상교육, 치료지원, 보조인력, 개별화교육계획(IEP) 등 맞춤형 지원을 받을 수 있습니다.

다음으로, 교사가 왜 신청을 권할까 생각해 볼 필요가 있습니다. 교사는 아이가 특별한 교육적 도움이 필요하다고 판단했을 것입니다. 보통 또래 아이들과 발달 속도에 차이가 있을 때 신청을 권유하는데, 교사가 아이의 교육적 필요를 객관적으로 봤을 가능성이 큽니다. 세상의 모든 교육자는 기본적으로 제자가 잘 성장하기를 바랍니다. 따라서 교사가 고심 끝에 드리는 권유는 아이를 더 잘 지원하고 도와주기 위한 조치라고 생각하시면 좋겠습니다.

마지막으로 보호자의 결정이 가장 중요합니다. 특수교육 대상자 선정은 보호자의 동의 없이는 이루어지지 않습니다. 결국 결정은 보호자가 해야 합니다. 물론 쉽게 결정하기 어려운 문제입니다. 하지만 조급하게 생각하지 말고 아이의 성장에 필요한 교육적 지원에 대해 충분히 고민하기를 권유합니다. 비슷한 경험을 가진 보호자와 대화하거나, 유치원의 특수교사나 가까운 치료센터에서 조언을 구한다면 큰 도움이 될 것입니다. 제가 운영하는 '경계를건다' 공식 이메일(walkonborderline@gmail.com)을 공유하니, 더 궁금한 점은 메일로 문의해 주셔도 좋습니다.

부디 우리 아이의 성장에 도움이 되는 선택을 하시길 바랍니다. 천천히 가도 됩니다. 우린 함께니까요.

Q 63. 아이가 장애가 있지만, 비장애 아이들과 한 반이면 좋겠어요

비장애 아동과 장애 아동이 함께 지내는 학급. 완전 통합 교육을 원하시는군요. 아이가 더 안전하고 성장에 도움이 되는 교육 환경에 있기를 바라는 마음은 모든 보호자가 같을 것입니다. 특수교육 대상자라면 '장애인 등에 대한 특수교육법'에 따라 장애 아동도 일반 유치원이나 학교에서 교육받을 수 있죠.

특히 유아의 경우 성장 가능성이 크기 때문에 비장애 아이들과 함께하는 완전 통합 교육이 도움이 될 수 있습니다. 완전 통합 교육의 가장 큰 장점은 비장애 아동과 직접 소통하면서 모델링을 통해 학습할 수 있다는 것입니다. 또 같은 교육과정을 수행하니까 아이의 생활 연령에 맞춘 교육을 받을 수 있다는 것도 큰 장점이죠.

그렇지만 이 역시 **아이의 상황과 발달 단계를 고려해야 합니다.** 예를 들어 물리적으로는 통합 수업이 이루어져도 특수교사가

배치되지 않으면 아이에게 필요한 교육적 지원을 제대로 받지 못할 수 있습니다. 아이의 장애가 중증일 경우에는 그에 맞춘 환경적 지원이 필요한데, 그런 지원이 마련되지 않을 때도 있습니다. 통학 거리, 통합 교육 여부, 아이의 발달 상황 등을 충분히 고려해야 하는 이유지요.

해외 사례를 보면, 우리나라의 통합 교육 환경은 아직 개선해야 할 부분이 많아 보입니다. 서로의 다름을 이해하고 존중하는 환경, 유니버설 디자인(연령이나 성별, 장애, 국적 등 특정 사람이 아닌 모두를 위한 디자인)이나 긍정적 행동 지원 같은 철학과 시스템이 좀 더 갖춰지길 바랍니다.

무엇보다 우리 아이가 행복하게 성장할 수 있는 교육 형태를 찾는 게 중요합니다. 완전 통합의 장점을 살리면서도 아이의 특별한 교육적 필요를 충족할 수 있는 방법을 고민해 보세요. 만약 완전 통합이 어려운 상황이라면, 아이에게 무엇이 가장 필요한지 우선순위를 생각해 보는 것도 도움이 됩니다. 생애 주기에 맞는 교육기관들도 안내해 드릴게요. 통합 유치원에 대한 정보가 필요하다면 '유치원 알리미(https://e-childschoolinfo.moe.go.kr)' 사이트에서 확인할 수 있습니다.

특수교육기관 구조도

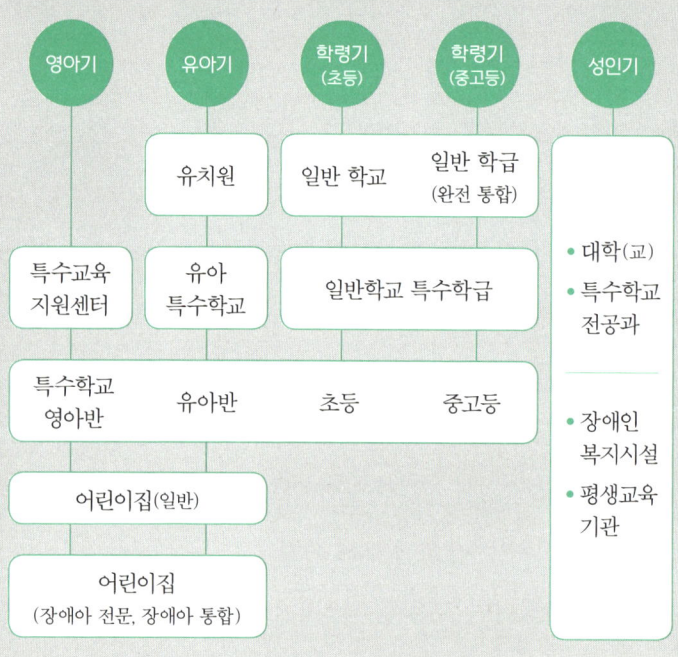

참고: 국립특수교육원

Q 64. 유치원에서 만난 특수교육 대상 유아의 행동을 따라 해요

유치원에서 아이가 특수교육 대상 유아의 행동을 따라 하는 모습을 보면 보호자로서 걱정스러워지는 것은 당연합니다. 사실 아이들이 또래 친구의 행동을 모방하는 것은 발달 과정에서 자주 발견되는 모습 중 하나입니다. 행동을 모방하면서 동질감을 느끼는 것은 사회적 기술을 익히면서 자기만의 행동 방식을 만들어 가는 과정 중 하나이지요. 물론 긍정적인 행동이 아니라 소리 지르기, 무작정 뛰기, 특정 행동 반복하기 등을 모방한다면 보호자로서 걱정되지요. 만약 아이가 특수교육 대상 유아의 부정적인 행동을 따라 한다면 어떻게 대처해야 할까요?

먼저, **아이의 행동을 자세히 관찰해 보세요.** 아이의 모방 행동이 일시적인지, 지속해서 나타나는 행동인지를 살펴보세요. 특정한 환경에서 나타나는지, 일상생활 전반에 나타나는지도 파악해 봅니다. 덧붙여서 모방 행동이 당장 제지해야 하는 폭력적, 선정적, 도전적 행동인지 아닌지도 구분해 보세요. 위험성을 고려해 보는 것입니다. 대체로 아이들의 부정적인 모방은 시간이 지나고 성장하면서 자연스럽게 사라집니다.

다음으로는 **가정에서 대화를 통해 교육을 진행해 보세요.** 긍정적이지 않은 모방 행동이 전반적으로 아이의 성장에 걸림돌이 된다고 판단된다면, 교육을 통해 지도해 줄 필요가 있습니다. 아이는 자기의 행동이 미칠 결과를 판단하기 어렵습니다. 따라서 이 부분에 대해 잘 알려 주어야 합니다. 즉각적으로 제지하기보다는 그 행동을 따라 했을 때의 감정, 기분을 물어보면 좋습니다. 이러한 대화를 통해 아이가 원하는 욕구를 파악할 수 있고, 대체할 수 있는 행동을 알려 줄 수 있습니다. 또 특수교육 대상 유아가 보이는 남다른 행동은 우리가 각자 의사소통하는 방식과 같거나, 자극을 추구하는 표현 방법 중 하나임을 알려 주는 것도 좋은 방법입니다. 또 아이들이 독특한 행동에 대해 궁금해할 때, 보호자는 이렇게 말해줄 수 있습니다.

"그건 그 친구만의 표현 방법이야. 너는 기분 좋을 때 노래를 부르잖아? 그 친구는 손을 흔들면서 자기 마음을 표현하는 거야."

또는 "친구가 큰 소리를 내는 건 신나거나 긴장될 때 자기 마음을 보여주는 거란다. 네가 놀랐을 때 '꺄악!' 소리를 지르는 것과 비슷해." 이처럼 일상 속 경험에 빗대어 설명하면 아이는 친구의 행동을 '이상한 것'이 아니라 '다른 방식의 표현'으로 이해하게 됩니다.

마지막으로 **모방 행동이 지속된다면 담임 교사와의 상담을 통해 지도해 주세요.** 교사는 유치원이라는 공간에서 우리 아이가 의지할 수 있는 유일한 어른입니다. 아이가 모방 행동을 펼칠 때 가장 가까운 곳에서 목격하는 존재이기도 하죠. 따라서 모방 행동에 대한 우려를 교사와 나누고 긍정적인 방향으로 지도할 수 있게 소통한다면 큰 도움이 될 것입니다.

특수교육 대상 유아의 행동을 모방하고 있다는 것은 다른 관점에서 보면 그 친구와 친밀한 관계에 있다고 생각해 볼 수 있습니다. 그렇다면 오히려 이 상황을 전환해서 아이가 나와 다른 성향의 아동을 이해하고, 특수교육 대상 유아에게 긍정적인 행동과 영향을 끼칠 수 있는 기회로 삼길 추천합니다. 걸림돌인 것 같은 상황이 아이의 성장을 돕는 디딤돌이 된다면 아이는 보호자가 기대하는 대로 훌륭하게 성장할 것입니다.

Q 65. 통합 학급이 비장애 아동에게 어떤 교육적 효과가 있나요?

통합 교육이란 특수교육 대상 학생이나 장애 학생이 비장애 학생들과 함께 생활하고 배우는 환경을 뜻해요. 통합 학급은 장애 학생과 비장애 학생이 어우러져 구성된 학급을 말하는데, 많은 사람들이 통합 교육을 장애 학생을 위한 배려로만 생각하곤 합니다. 하지만 통합 학급이 비장애 아동에게 미치는 긍정적인 영향은 매우 큽니다.

첫째, 통합 학급은 단순한 학습 이상의 중요한 가치를 가르쳐 줍니다. 우리는 다양성이 중요한 시대에 살고 있어요. 차이를 존중하고, 포용할 수 있는 사회적 감수성을 갖춘 인재가 요구되는데, 통합 학급은 이 능력을 키울 수 있는 좋은 기회를 제공해요. 성별, 다문화, 장애 등 여러 차이를 자연스럽게 경험하게 되니까요. 특별히 장애가 있는 친구들과 어울리면서 그 차이를 이해하고 존중하면서 아이들은 더 깊은 성장을 경험해요. 이러한 경험은 우리 아이들의 미래 경쟁력으로 이어질 수 있답니다.

둘째, 소통의 폭과 기술이 넓어집니다. 통합 학급에서는 다양한 배경의 친구들과 함께 프로젝트를 수행하고, 협력하면서 자연스럽게 소통하는 방법을 배웁니다. 또래 도우미 역할을 하며 리더십을 발휘하거나, 상대방의 의견을 경청하는 기술을 익히죠. 또한 담임 교사와 특수교사가 장애 학생과 소통하는 모습을 보며 긍정적인 모델링을 배우기도 합니다. 이 과정은 때로는 번거롭게 느껴지지만 문제 해결 능력을 키울 수 있는 소중한 기회가 됩니다. 예를 들어 제가 근무하는 학교에서는 '서클 프로그램'을 통해 학생들이 서로의 의견을 안전하게 주고받으며 소통하는 방법을 배우고 있습니다.

셋째, 장애 학생을 위한 교육적 장치와 시스템이 모든 아이들에게 혜택을 줍니다. 최근 교육계에서는 '한 아이도 놓치지 않는 교육'을 중요한 철학으로 삼고 있습니다. 그래서 개개인을 존중하고, 개별화된 교육의 필요성이 더 강조되고 있죠. 장애 학생을 위해 만든 배리어 프리 시설이나 보편적 학습 설계는 비장애 학생들에게도 유익해요. 예를 들어 휠체어를 타는 장애인을 위해 만든 경사로는 계단을 오르기 힘든 아이들에게도, 지팡이를 짚고 걷는 어르신들에게도 도움이 되죠. 장애 학생의 교육적 필요를 채우기 위해 적용한 교수적 수정(의미 있는 학습을 하기 위해 다양한 교육 방법을 제공하는 것)은 비장애 학생들의 학습에도 실제로 많은 도움이 됩니다.

통합 교육의 성과는 보호자의 마인드에 달려 있습니다. 보호자가 먼저 통합 교육의 가치를 이해하고 아이에게 전한다면, 다양성 존중의 가치가 우리 아이들의 성장으로 이어질 것입니다.

Q 66. 특수교육 대상자로 선정되면 어떤 점이 좋나요?

특수교육 대상자는 '장애인 등에 대한 특수교육법'에 근거해 특별한 교육적 필요를 가진 아동을 의미해요. 특수교육 대상자로 선정하는 이유는 아이의 필요에 맞춘 맞춤형 지원과 교육 서비스를 제공하기 위해서죠. 하지만 보호자 입장에서는 이 소식이 마냥 반갑지만은 않습니다. 낙인과 배제에 대한 걱정이 들기 때문이죠. 저도 사랑하는 막내딸이 특수교육 대상자로 선정되는 과정을 겪었기 때문에 그 마음을 잘 이해해요. 그럼에도 불구하고 제가 딸을 특수교육 대상자로 신청한 이유는 무엇일까요? 특수교육 대상자로 선정되면 어떤 지원을 받는지 알려드리겠습니다.

개별화 교육 지원 계획(IEP)의 지원: '장애인 등에 대한 특수교육법'에는 특수교육 대상자에게 제공해야 할 구체적인 지원 내용이 명시되어 있어요. 가장 먼저 받게 되는 것은 아이에게 맞춘 개별화 교육 지원 계획(IEP)이에요. 세부 내용은 아이마다 다르겠지만, 법적으로 보장된 지원 체계라는 점에서 큰 의미가 있습니다. 특수교사, 일반교사, 학교 관리자, 보호자가 함께 개별화 교육 지원 팀을 꾸려서 회의를 통해 아이에게 맞는 계획을 세워요. 예를 들어 소리에 예민한 아이의 특성을 고려해 스피커 소리의 크기, 위치 등을 달리해 자리를 배치하는 방법을 설정한다든지, 시력이 좋지 않은 아이를 위해 글자를 키운 교과서를 제공한다든지 하는 내용이죠. 아이의 교육적 요구에 맞춰 어떻게 지원할지, 때에 따라 보조 인력의 도움을 어떻게 진행할지, 특수교육 관련 서비스를 어떻게 제공할지 등의 내용이 포함돼요.

특수교육 관련 서비스의 구체적인 지원: 특수교육 관련 서비스는 가족 상담, 양육 상담 같은 가족 지원부터 치료 지원, 각종 교구 및 학습 보조기 지원, 통학비 지원, 보행 훈련이나 심리 행동 적응 훈련 같은 다양한 지원을 포함해요. 특히 특수교육 대상자는 지속적인 치료가 필요해 재정적 부담이 클 수 있기 때문에 이런 지원 서비스가 큰 도움이 됩니다.

실제 현장 사례: 현장에서는 특수교사와 일반교사가 협력하여 아이를 지원하는데, 이런 협력 덕분에 아이들이 안전하게

학교생활을 할 수 있어요. 특수교육 대상자에게는 무엇보다 안전한 환경이 가장 중요하거든요. 저희 막내딸도 학기마다 열리는 개별화 교육 지원 회의를 통해 지원 방향을 설정하고, 담임교사와 특수교사가 협력하면서 학교에서 문제가 생겼을 때 적극적인 도움을 받고 있어요.

특수교육 대상자로 선정되는 것은 아이에게 낙인을 찍는 것이 아니라 지원을 더 잘 받기 위한 선택이라고 생각하면 좋겠습니다. 물론 현실에서 편견과 낙인이 전혀 없다고 말할 수는 없고, 특수교육 대상자로서 차가운 현실을 마주할 때도 있을 거예요. 그렇기에 더더욱 법적으로 보장된 공적 지원 체계를 잘 활용해야 해요. 특수교육 지원을 통해 우리 아이들이 자신만의 속도대로 성장하기를 기대합니다.

특수교육 대상자 선정 절차

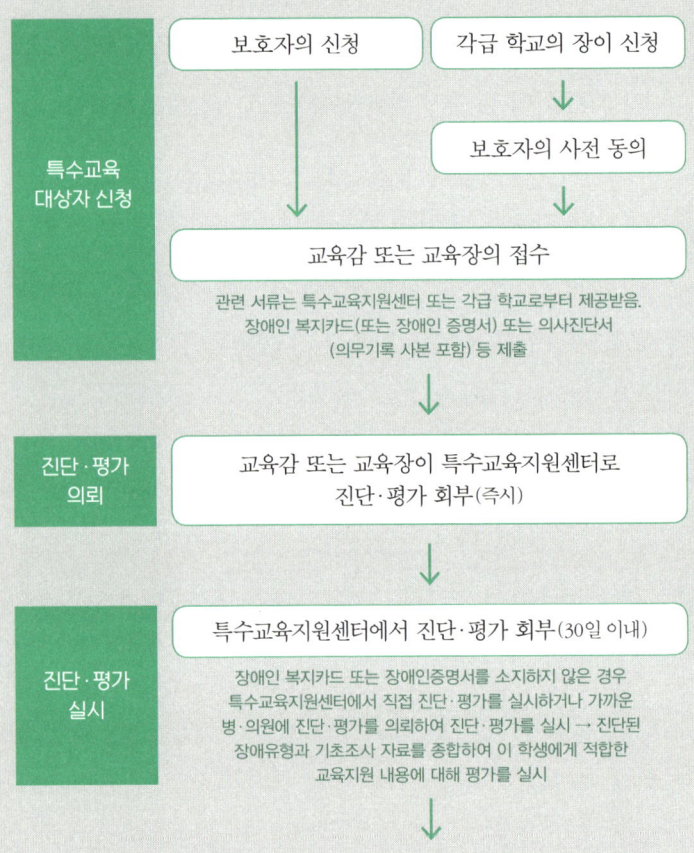

특수교육 대상자 신청

- 보호자의 신청
- 각급 학교의 장이 신청 → 보호자의 사전 동의
- → 교육감 또는 교육장의 접수

관련 서류는 특수교육지원센터 또는 각급 학교로부터 제공받음.
장애인 복지카드(또는 장애인 증명서) 또는 의사진단서
(의무기록 사본 포함) 등 제출

진단·평가 의뢰

교육감 또는 교육장이 특수교육지원센터로 진단·평가 회부(즉시)

진단·평가 실시

특수교육지원센터에서 진단·평가 회부(30일 이내)

장애인 복지카드 또는 장애인증명서를 소지하지 않은 경우 특수교육지원센터에서 직접 진단·평가를 실시하거나 가까운 병·의원에 진단·평가를 의뢰하여 진단·평가를 실시 → 진단된 장애유형과 기초조사 자료를 종합하여 이 학생에게 적합한 교육지원 내용에 대해 평가를 실시

출처: 국립특수교육원

특수교육 대상자 선정 여부 및 교육지원 내용 결정	진단·평가 결과를 교육감 또는 교육장에게 보고 교육감 또는 교육장은 특수교육 대상자 선정 여부 및 교육지원 내용을 결정하여 보호자에게 서면으로 통지(2주일 이내)
학교 배치 심사	교육감 또는 교육장은 해당 특수교육운영위원회의 심사를 거쳐 특수교육 대상자를 배치(보호자 의견 수렴)
학교 배치 결과 통보	해당 특수교육운영위원회는 심사 후 그 결정을 교육감 또는 교육장이나 학교의 장에게 통보(30일 이내)
절차상의 보호	보호자 또는 각급 학교의 장은 심사 결정에 대해 이의가 있을 경우 특수교육운영위원회에 심사청구 가능(특수교육운영위원회에서는 30일 이내에 심사청구 사건 심사·결정) 심사청구 결정에 이의가 있는 보호자는 행정심판 제기(90일 이내)

Chapter 6

'벌써 초등학생이라니!' 어느덧 앞둔 유치원 졸업.
보호자로서 감회가 새로운 순간이죠. 동시에 아이의 생활에
큰 변화가 생기기에 또 다른 걱정도 생깁니다.
하지만 너무 고민할 필요는 없습니다.
나와 아이의 성향을 고려하면서 차근차근 준비하면 되니까요.
아이가 초등학교에 잘 적응하는 데 필요한 꿀팁을
현직 교사의 대답으로 나눠 봅니다.

유치원 졸업과 초등학교 입학

Q 67. 입학하기 전에 꼭 가르쳐야 할 것은 무엇인가요?

'우리 아이는 아직 많이 어린데, 잘 적응할 수 있을까?' 자기 몸집보다 훨씬 큰 책가방을 짊어진 아이를 보면서 걱정될 거예요. 혼자서 아무것도 못 하는 것 같은 아이지만, 그렇다고 걱정만 하고 있을 수는 없죠. 1학년 입학 전에 몇 가지는 꼭 연습해 보세요.

첫 번째, 쉽게 말해서 잘 먹고 잘 싸는 준비가 필요합니다. 이 두 가지가 준비되지 않으면 우리 아이의 초등학교 생활에 근심 걱정이 많아질 수 있습니다. 두 가지 중에서도 가장 중요한 것은 아이가 스스로 배변 처리를 할 수 있게 연습하는 것입니다. 유치원에서도 초등학교 입학을 앞두고서는 이 부분을 신경 써서 가정과 소통하는 편입니다.

제가 초등학교 1학년 담임을 처음 맡았을 때 깜짝 놀랐던 것은 "선생님, 똥 쌌는데 못 닦았어요. 닦아 주세요."라고 말하는 아이를 만났을 때였어요. 학기 초에 "선생님, 저 설사했는데 엄마 좀 불러 주세요."라고 했을 때도 선뜻 "괜찮아, 선생님이 해 줄게."라는 말이 안 나오더라고요. 아마 그 아이도 교사와 친밀감이 쌓이지 않은 상태였으니 많이 당황하고 부끄러웠을 거예요. 특히 대변을 본 후 속옷이 더러워지면 아이들은 크게 당황합니다. 초등학교에서는 교사가 아이들의 개인적 요구를 챙기기 어려울 수 있습니다. 교사들이 기본적인 생활 습관을 지도하지만, 그래도 화장실에서 용변을 처리하고 손을 깨끗이 씻는 습관 정도는 초등학교에 입학하기 전에 가정에서 충분히 연습하는 것이 좋습니다. 그리고 화장실은 혼자 다녀오는 것이라는 점을 인지시켜 주어야 합니다.

급식 시간에 젓가락을 사용해 음식을 먹는 연습도 해 두면 좋습니다. 초등학교 급식에서는 젓가락을 사용합니다. 소근육이 잘 발달하지 않아 수저로만 먹는 아이들도 간혹 있습니다. 그래서 젓가락으로 콩 옮기기 같은 활동을 하는 교사도 있지요. 입학 전에 아이가 젓가락을 자연스럽게 사용할 수 있도록 도와주면 아이가 급식 시간을 더 잘 즐길 수 있겠죠?

두 번째, 사회적 기술을 가르쳐 주어야 합니다. 학교에서는 다양한 친구들과 어울리며 지내게 되는데 인사하기, 말할 차례 지키기, 다른 사람이나 친구의 이야기를 경청하기 같은 기본 예절과 사회적 기술이 뒷받침돼야 아이가 친구들과 관계를 잘 맺고 긍정적인 경험을 쌓을 수 있습니다. 1학년 아이들을 살펴보면 보통은 또래 구별 없이 다 같이 잘 어울려 노는데, 간혹 자신의 감정을 격하게 화로 표현하거나 울거나 상대방을 밀치는 행동을 보이는 아이들이 있습니다. 이런 아이들은 자기 감정을 표현하기 어려워합니다. 학기 초에 서툰 감정 표현이 반복적인 다툼의 원인이 되는 학생들은 학교생활을 부정적으로 인식할 수 있습니다. 이를 위해 저학년 시기에는 친구와 대화하고 사과하고, 감정을 솔직하게 표현하는 연습을 많이 합니다. 따라서 주변 또래와 만날 때나 가정에서 보호자가 충분한 대화를 통해 소통하는 방법을 지도해 주면 좋겠습니다.

마지막으로, 기본 학습 습관이 중요합니다. 자신의 물건을 잘 정리하고 챙기는 것은 학습의 기본 습관입니다. 물건에 이름을 쓰면서 자신의 물건이 소중함을 알고, 가방에 잘 챙기는 연습을 하면 좋습니다. 또 간단한 읽기와 쓰기, 숫자 세기와 같은 기초적인 학습 내용을 미리 익힌다면, 학교에서 배우는 내용에 대해 자신감이 생기고 학습에 대한 흥미도 커질 것입니다. 물론, 초등학교 입학 후에 한글은 ㅏ, ㅑ, ㅓ, ㅕ 기본 모음부터, 숫자도 하나, 둘, 셋을 세는 것부터 차근차근 배웁니다. 일부 유치원에서는 자기 이름을 써 보게 하고, 글자나 숫자에 노출되게 하는데, 그래서인지 학생마다 학습 편차가 큰 현상이 나타납니다. 초등학교에 가면 무엇 무엇을 배운다는 것을 아이에게 미리 알려 주고 문자에 거부감을 느끼지 않게 하는 것도 필요해 보입니다. 그 정도만 준비해도 아이는 새로운 환경에 잘 적응할 수 있을 것입니다.

이 세 가지를 염두에 두고 아이와 함께 즐겁게 초등학교 입학 준비를 하면, 입학 후 학교생활이 훨씬 더 즐겁고 행복할 것이라고 확신합니다. **아이의 새로운 학교생활을 응원합니다.**

Q 68. 아이가 수업 시간에 화장실에 가고 싶으면 어떻게 하죠?

아이에게 수업 중에도 화장실에 갈 수 있다는 사실을 꼭 미리 알려 주어야 합니다. 대부분의 학교에서는 학생이 화장실에 가고 싶을 때 손을 들어 교사에게 말하면 언제든지 다녀올 수 있게 허락하고 있습니다. **화장실 문제는 학생에게 수치심을 느끼게 할 수도 있는 아주 중요한 문제**입니다. 쉽게 긴장하거나 자기 표현을 어려워하는 아이들은 교사에게 말하지 못해 어려움을 겪기도 합니다. "선생님, 저희 아이가 소변을 너무 참아서 병원에서 진찰을 받았어요." 이런 상담 전화를 받은 적도 있습니다. 그래서 그 전화를 받은 이후로는 저 역시 1학년 아이들에게는 화장실 이야기를 수시로 합니다. "쉬는 시간에 놀다가 시간 계산을 못 해 실수할 때가 있어요. 아직 우리는 1학년이니까 화장실이 급한 경우에는 꼭 선생님에게 말해 주세요. 수업 중에도 화장실에 갈 수 있어요.!"

특히 1학년 때는 아이들이 아직 온전히 자립한 상태가 아니기 때문에 유치원 때처럼 여분의 속옷을 미리 준비해 두어야 합니다. 또 아이가 실수했을 때 당황하지 않고 바로 속옷을 갈아입을 수 있도록 가르쳐 주세요. 학교에서도 이러한 부분에 대해 충분히 지도하겠지만, 가정에서도 **아이에게 언제든지 화장실에 가고 싶으면 손을 들어 교사에게 말하면 된다고 알려 주면 좋습니다.**

만약 아이가 표현하는 걸 어려워한다면 담임 교사와 상의하는 것도 좋은 방법입니다. 교사가 상황에 따라 아이에게 한번씩 물어보거나, 아이가 편하게 표현할 수 있게 방법을 함께 논의해 볼 수 있습니다. 이렇게 보호자와 교사가 함께 협력하여 아이가 편안하게 학교생활을 할 수 있도록 도와준다면, 아이는 더 자신감 있게 학교에 다닐 수 있을 것입니다.

Q 69. 초등학교 입학 전에 한글을 완벽하게 떼야 할까요?

제가 초등학교 교사라고 소개하면 예비 초등학생을 둔 보호자들이 가장 크게 관심을 보입니다. 주변 친구, 지인들을 통해 다양한 질문을 받아 봤는데요, 그중 가장 뜨거운 이슈가 바로 '한글 지도'더군요. 많은 보호자가 아이가 초등학교에 입학하기 전에 한글을 완벽하게 익혀야 하는지 궁금해합니다. 저는 때가 되면 다 알게 되니 한글을 미리 안 가르쳐도 되고, 초등학교 1학년 때 다 배우니 괜찮다고 말하곤 했습니다. 그런데 제 조언을 들었던 분 가운데 몇 분이 나중에 이렇게 말씀하시더라고요. "그 말 듣고 편하게 있다가, 저 마음고생 많이 했어요." 그래서 요즘은 아이와 보호자의 성향에 따라 결정하셔야 된다고 말씀드립니다.

어떤 보호자는 아이가 스스로 학습 과정을 경험하면서 성장하는 모습을 지켜보기를 원합니다. 반면 어떤 보호자는 아

아이와 나의 학습 성향은?

한글 공부 미리 시작해 보세요!	한글 공부 1학년 때 시작해도 괜찮아요!
우리 아이는 미리 알아야 마음이 편하다. 다른 사람의 평가에 예민하다. 다른 사람보다 잘하고 싶어 한다.	우리 아이는 이해가 빠르고, 아는 내용은 대충 듣는다. 학습에 대한 거부감이 크고, 힘들어한다. 다른 사람의 평가보다 자신의 기준이 중요하다.
보호자인 나는 미리 알아야 마음이 편하다. 다른 사람의 평가에 예민하다. 다른 사람보다 잘하고 싶어 한다.	보호자인 나는 이해가 빠르고, 아는 내용은 대충 듣는다. 사람마다 배움의 속도가 다르다고 생각한다. 다른 사람의 평가보다 자신의 기준이 중요하다.

이가 어려워하는 모습을 보며 걱정하고 스트레스를 받지요. 따라서 **한글 학습 시기는 가정의 교육 방향과 보호자의 기대에 따라 결정하는 게 좋습니다.** 한 집에 살아도 아이들마다 성향이 다르다는 점도 고려해야 해요. 예를 들어 새로운 것을 시도하고 배우는 과정에서 어려움을 느끼거나 남들보다 조금 뒤처지는 것에 자존심이 상하는 아이라면 한글을 미리 익히게 해서 자신감을 높

여 주는 것이 좋습니다. 그렇지 않으면 자신이 부족하다는 사실에 스트레스를 받고 더 힘들어할지 모르니까요.

반면 **주변 환경에 영향을 받기보다 자기만의 속도를 중시하고 학습에 거부감을 보이는 아이라면 한글 학습을 서두를 필요가 없습니다.** 특히 미리 아는 내용을 지루해하고 흥미를 잃는 아이에게 선행 학습을 시키면 아이가 오히려 수업 시간에 집중하지 못하고, 계속되는 학습에 거부감을 느낄 수도 있답니다.

일반적인 발달 시기를 고려하면 한글은 초등학교에 입학한 후 배우는 것이 더 적절할 수 있습니다. 학교에서는 한글을 처음 접하는 아이들을 위해 체계적인 교육과정이 마련되어 있어서 아이들 대부분이 글자를 정확히 모르더라도 초등학교 1학년 내에 한글을 충분히 익힐 수 있습니다. 따라서 아이에게 한글을 미리 익히게 하지 않았더라도 자책하거나 걱정하지 않아도 됩니다. 다소 더딜 수는 있지만, 시간과 관심을 충분히 가지고 지도하면 아이는 1년 안에 한글을 뗄 수 있습니다. 중요한 점은 아이가 학습 과정에서 긍정적인 경험을 하고, 자기만의 속도에 맞춰 성장하는 모습을 지켜봐 주는 것입니다. 한글 학습 시기를 결정하기 어렵다면 아이에게 하루에 한 권씩 그림책을 읽어 주는 방법을 추천합니다. 그 과정에서 아이가 한글을 친숙하고 알고 싶은 대상으로 받아들일 수 있을 테니까요.

우리 아이의 성향을 체크해 보세요. 아이와 보호자의 성향이 다르다면 보호자는 그 부분을 잘 이해해 두어야 합니다.

Q 70. 초등학교 입학 초기 아이들이 가장 힘들어하는 점은 무엇인가요?

"엄마, 초등학교는 너무 불편해. 편하게 쉴 수도 없어. 누울 수도 없어."

제 둘째 아들이 초등학교를 일주일 다니더니 이렇게 말하더라고요. 유치원에서 푹신한 매트나 편안한 공간에서 자유롭게 놀고 쉬었지만, 이제는 딱딱한 책상과 의자에 앉아서 한 자세로 오래 있어야 하죠. 또 교실 내에 충분한 놀이 공간이 없고, 유치원처럼 자유롭게 누울 수 있는 공간도 부족하니 처음에는 아이들이 불편함을 느낄 수 있습니다. 초등학교 생활은 아이들에게 대단히 큰 변화입니다. 그중에서도 **특히 공간의 변화가 아이들에게 큰 충격을 줄 수 있습니다.**

시간의 변화도 아이들에게 큰 스트레스 요인 중 하나입니다. 유치원에서는 비교적 자유로운 시간에 따라 움직이던 아이들이 이제는 정해진 시간표에 맞춰 수업을 들어야 하고, 휴식 시간도 정해져 있으니까요. 이처럼 고정된 시간에 맞춰 움직이는 새로운 일상이 아이들에게는 다소 부담스러울 수 있습니다. 처음에는 규칙과 새로운 환경에 적응하는 과정에서 어려움을 겪을 수 있는데, 이러한 변화가 아이들에게 스트레스로 작용할 수 있습니다. 실제로 학기 초에 적응 스트레스로 인해 두통이나 복통을 호소하는 학생들도 있답니다.

아이가 학교에 적응하는 과정에서 보호자를 보고 싶어 하면서 눈물을 흘리는 경우도 있습니다. 몇 년 전 1학년 담임을 할 때 학생 한 명이 창밖을 바라보며 하염없이 울기만 하는 모습을 봤어요. '분명히 밝게 웃어 주고 수업도 재밌게 한 것 같은데 왜 그럴까?' 저도 교사로서 많이 걱정되었습니다. "동호(가명)야, 왜 울어? 속상한 일 있었니?" 동호는 저를 보지도 않고 아무 말 없이 있었습니다. **익숙했던 유치원을 떠나 새로운 환경에 적응해야 하다 보니, 집에서의 편안함이나 엄마와 함께 있는 시간이 그리워진 것이죠. 아이는 낯선 환경에서 혼자 있는 느낌이 들 때, 보호자를 찾으며 불안해할 수 있습니다.** 동호에게는 저도, 친구들도, 그 모든 것이 낯설었습니다. 유치원에서는 이미 친숙한 교사와의 관계 속에서 편안하게 지냈다면, 이제는 새로운 교사와 친구들을 만나야 합니다. 낯선 사람 앞에서 쉽게 마음을 열지 못하는 아이들이 있는데, 동호의 사례처럼 아무 말도 하지 않고 소극적으로 행동할 수 있습니다. 이런 경우에는 **시간이 지나면서 점차 적응해 나가겠지만, 입학 초기에는 마음의 안정을 위해 보호자가 학교 생활에 조금 더 관심을 기울여 주세요.** 혹시 아이가 경직되어 있다면 가정에서라도 대화로 편안하게 마음을 풀어 주는 것이 중요합니다.

이러한 변화들은 모두 아이들이 학교에 적응하는 과정의 일부분입니다. 보호자가 아이의 감정과 변화를 잘 살피고 필요한 지원을 아낌없이 제공해 준다면 아이들은 곧 학교생활에 적응해 나갈 것입니다.

Q 71. 초등학교 입학을 앞두고 불안해하고 가기 싫다는 아이, 어쩌면 좋을까요?

"엄마, 나 초등학교 가기 싫어! 계속 유치원 다닐 거야!"

아이가 초등학교 입학을 앞두고 불안해하거나 학교에 가기 싫다고 하니, 많이 걱정되시죠? 이런 반응은 아주 자연스러운 것이니 너무 염려하지 않아도 됩니다. **초등학교 1학년 교육과정은 아이들이 새로운 환경에 잘 적응할 수 있게 설계되었습니다. 1학년 수업은 학습량이 많지 않고, 주로 생활 습관이나 다양한 활동을 중심으로 진행합니다.** 학교가 처음인 아이들이 부담을 느끼지 않게 배려하고 있으니, 보호자도 학교생활이 생각보다 재미있고 편안하다고 아이에게 미리 알려 주면 좋습니다.

요즘은 학교생활에 대한 설명과 소개를 담은 영상을 쉽게 찾아볼 수 있습니다. 교육부, 시·도교육청에서 제공하는 영상들을 살펴보면 학교생활을 예상해 볼 수 있습니다. '초등 입학 준비', '예비 초등학생' 등의 검색어로 영상을 찾아보세요. 막연히 두려워하는 아이에게는 시청각 자료를 보여 주면 도움이 됩니다.

아이의 불안감을 줄이기 위해 **학교를 미리 경험해 보는 것도 좋은 방법입니다. 1~2월경에는 대부분의 초등학교가 방학을 합니다. 이 기간에 아이와 함께 학교 주변을 산책해 보세요.** 학교 건물이나 운동장을 보면서 아이에게 학교에 대해 긍정적인 이미지를 심어 줄 수 있습니다. "여기가 네가 다니게 될 학교야, 정말 멋지지?", "아빠랑 여기서 같이 그네 타 볼래? 축구할까?", "학교가 몇 층이야? 여기가 급식실인가 봐." 같은 말로 아이에게 학교가 즐겁고 안전한 곳이라는 느낌을 주면, 입학 후 불안감이 덜할 수 있습니다.

동네에 아이가 입학할 초등학교에 다니는 형, 누나, 언니, 오빠들이 있다면 인사를 나누며 친숙해지는 시간을 가져 보세요. 놀이터에서 초등학생으로 보이는 아이들에게 다가가서 "너 희망 초등학교 다니니? 얘는 이번에 같은 초등학교에 입학할 아이야. 재밌는 학교 이야기 해줄 수 있어?"라고 물어보세요. 가끔 초등학교가 재미없는 곳이라고 말하는 짓궂은 아이들도 있으니, 여러 학생에게 물어볼 것을 추천해요. 놀이터에서 자연스럽게 알게 된 친근한 언니, 오빠가 학교에 다니고 있다는 사실은 아이에게 큰 안정감을 줄 수 있습니다. 이웃의 형이나 누나가 "학교, 정말 재미있어. 선생님도 친절하시고 친구들도 많아."라고 말해 준다면 아이도 학교에 대해 긍정적으로 기대하게 될 거예요.

아이가 불안해할 때는 보호자의 긍정적 태도가 큰 힘이 됩니다. "너 이래서 초등학교 어떻게 갈래? 이러면 선생님한테 혼나고 친구도 안 생긴다."처럼 지레 겁먹을 수 있는 말은 삼가해 주세요. "학교에 가면 재미있는 일이 많을 거야. 더 많이 배우고 책도 많이 읽을 수 있어.", "너 혼자서 할 수 있는 일이 많아질 거야. 멋진 어린이가 되겠네?"라고 아이에게 자주 이야기해 주고, 아이의 감정에 공감하는 것이 중요합니다. 아이가 새로운 환경에 잘 적응할 수 있게 보호자가 따뜻하게 지켜봐 주면 아이는 조금씩 학교에 대한 두려움을 극복하고 즐겁게 학교생활을 시작할 수 있을 것입니다.

Q 72. 아이가 소심해요. 잘 적응할 수 있을까요?

학생마다 성향이 천차만별입니다. 특히 소심한 성향의 아이들은 새로운 환경에 적응하는 데 시간이 걸려 보호자의 염려가 클 수 있습니다. 저도 제 아이가 조용하고 부끄러움이 많다는 사실은 알고 있었는데, 1학년 2학기까지 학교 가기 싫다고 말할 때는 자식은 내 마음과 기대와 같지 않다는 생각을 많이 했지요. 이때 가장 중요한 것은, 내 아이의 성향을 정확하게 파악하는 것입니다. 어떤 아이들은 새로운 환경에 과감하게 도전하고 쉽게 적응하지만, 신중하고 천천히 받아들이는 아이들은 시작하기가 상대적으로 더 어려울 수 있습니다.

이런 상황에서 **아이가 평소 알던 또래 친구와 같은 초등학교에 입학한다면 큰 도움이 됩니다.** 친구와 함께하는 경험은 새로운 환경에 대한 두려움을 줄여 주고, 아이가 학교생활에 조금 더 쉽게 적응할 수 있도록 도와줍니다. 만약 아이에게 친한 또래가 없다면, 입학 전에 이웃이나 커뮤니티에서 또래 친구를 만들어 보는 것도 좋은 방법입니다. 친구와 함께라면 학교가 낯선 곳이 아니라 즐거운 곳으로 다가올 수 있거든요.

아이가 학교에 적응하는 데 어려움을 겪는다면, 작은 규모의 학교를 선택하는 것도 고려할 수 있습니다. 소규모 학교는 교사와 학생 간의 관계가 더 밀접하고, 아이들이 자신을 자유롭게 표현할 수 있는 분위기가 조성될 가능성이 큽니다. 이런 환경은 특히 소심한 성향의 아이들에게 더 맞을 수 있습니다. 농촌 유학이나 근교의 작은 학교로 보내는 과감한 선택을 하는 보호자들도 있지요. 대규모 학교와 소규모 학교를 선택할 수 있고, 전혀 다른 환경을 제공할 수 있다는 점을 알아두면 좋습니다. 하지만 이러한 선택이 누구에게나 쉬운 것은 아닙니다.

학교를 선택할 수 없다면 **교사와 충분히 상담하여 적절한 지원을 받는 것이 중요합니다.** 아이의 소심한 성향에 대해 미리 말하고, 학기 초에 상담을 요청하는 것도 좋은 방법입니다. 교사가 아이의 성향을 잘 이해하고 있다면 아이가 편안하게 학교에 적응할 수 있도록 도와줄 것입니다.

보호자가 아이의 상황을 충분히 공유하고, 학교와 함께 협력하면 아이는 자기만의 속도로 학교생활에 적응해 나갈 수 있습니다. 방법과 속도가 다를 뿐, 아이들은 결국 초등학교 생활에 적응합니다. **아이가 잘 적응할 것이라는 믿음을 갖고 대화해 주세요.** 소심한 아이들은 내면의 문제를 바깥으로 표현하는 것을 어려워합니다. 그런 경우 **보호자가 마음을 읽어 주고 표현해 주면서** 자기의 감정을 자각할 수 있도록 돕는 것이 좋습니다.

Q 73. 1학년의 학기 초 하루 생활은 어떻게 되나요?

학기 초에 1학년 친구들을 데리고 다니며 학교를 소개할 때가 있습니다. "언니 오빠들 수업 중이니 조용히 복도를 걸을 거예요. 여기가 바로 교무실이에요. 자, 오른쪽으로 따라 오세요. 여기는 책이 많이 보이네. 여기는 도서실이에요. 점심시간에 책을 빌릴 수 있어요." 키 작은 아이들이 올려다보는 모습을 보면 저도 기분이 몽글몽글해집니다. 1학년 아이들에게 초등학교는 얼마나 신기한 곳일까요?

이런 아이들이 어떤 시간을 보내는지 알려드리기 위해 다음에 1학년 시간 운영 예시를 소개합니다. 물론 모든 학교가 같지는 않습니다. 학교 규모와 사정에 따라 일일 시간 운영(점심 식사 및 하교 시간 등)이 조금씩 달라집니다.

학교마다 교육과정이 다르지만, 학기 초에는 적응을 위한 주제 중심 통합 교육을 주로 합니다. 그리고 4교시를 운영하면서 새로운 학교에 충분히 적응할 수 있도록 합니다.

주간 교육과정 시간 배당 기준 예시

교과 학년	국어	수학	바른 생활	슬기로운 생활	즐거운 생활	창의적 체험활동	계
1	6	3	2	3	6	3	23

통합교과

요일별 기준 시간 배당 예시

요일 학년	월	화	수	목	금	계
1	5	5	4	5	4	23

일일 시간 운영 계획 예시

1학년		
일과 내용	운영 시간	소요 시간(분)
아침등교 및 활동	08:30 ~ 08:50	20
1교시	09:00 ~ 09:40	40
2교시	09:50 ~ 10:30	40
3교시	10:40 ~ 11:20	40
4교시	11:30 ~ 12:10	40
점심 식사	12:20 ~ 13:10	50
5교시	13:10 ~ 13:50	40

다음은 학기 초에 배우는 통합 교육 내용의 예시입니다. 학교의 다양한 시설을 둘러보고, 학교에 근무하는 다양한 교사들을 알아보는 시간, 친구들과의 관계를 위해 노력하는 내용, 안전한 학교생활을 위해 지켜야 할 것들, 그리고 본격적인 학습을 위해 준비하는 과정들을 포함하고 있습니다. 가정에서도 이렇게 달라진 체계에 맞춰 수업을 잘 마치고 집에 돌아온 아이를 꾸준히 격려하고 지지해 주세요.

학기 초 적응 교육의 예시

주제중심 통합 교육	우리 학교를 소개합니다	친구야 반가워	안전한 학교생활	스스로 공부 준비
두근두근 1학년	학교 둘러보기	입학식	줄 서기	학용품 챙기기
	화장실 이용 방법	자기 소개하기	복도통행	연필 잡기
	급식실 이용	양보하는 방법	놀이기구 이용	바른 자세
	여러 교사들께 인사드리기	약속 지키기	공공시설 이용 규칙	선 긋기
	학교의 특별실	학교폭력 알기	등하교 교통지도	같은 모양 찾기

Q 74. 초등학교에서는 늘봄 학교와 늘봄 프로그램이 어떻게 운영되나요?

맞벌이 가정에서 가장 궁금한 정보일 텐데요, 초등학생 아이를 최장 저녁 6시~8시까지(지역별 상이함) 학교에서 돌봐 주는 늘봄 학교가 2024학년도 1학년, 2025학년도 1~2학년으로 확대되어 실시되고 있습니다. 기존 돌봄 교실과 방과후 학교 프로그램 전체가 늘봄 학교로 변경되어 선택형 돌봄 프로그램, 선택형 교육 프로그램(구 방과후 학교), 맞춤형 프로그램(1~2학년 발달 단계에 맞는 프로그램)으로 운영하고 있습니다.

교육부와 17개 시·도 교육청은 학교가 늘봄 학교를 원활하게 운영할 수 있도록 각 학교에 전담 인력, 공간, 프로그램 등을 지원하고 있습니다. 우선, 교사의 늘봄 학교 행정 부담을 경감해서 정규 수업에 집중할 수 있게 학교별 전담 인력을 배치했습니다. 또 초등학교 1학년 교실을 학생들이 안전하게 머무를 수 있는 아동 친화적 환경으로 개선하고, 학생·학부모가 만족할 수 있는 질 높은 교육 활동을 제공하기 위해 대학, 기관 등 지역사회와 협력하여 늘봄 프로그램을 운영하고 있습니다. 이런 배경을 바탕으로, 각 학교에서는 입학 전 예비소집 때 늘봄 학교에 대한 안내를 함께 제공하는데, 우리 아이의 일정을 고려하여 늘봄 학교 참여에 대해 미리 생각해 보기를 권합니다.

늘봄 프로그램 운영 예시

순	프로그램	대상	수강 요일	수강시간
1	컴퓨터	1~6학년	월, 수, 금	1교시 13:30~14:10 2교시 14:15~15:55 3교시 15:00~15:40 4교시 15:45~16:25 (40분씩 운영)
2	미술	1~6학년	월, 수, 금	
3	영어	1~6학년	월, 수, 금	
4	독서 논술	1~6학년	월, 수, 금	
5	배드민턴	1~6학년	화, 목	
6	기타 드럼	1~6학년	화, 목	
7	방송 댄스	1~6학년	화, 목	
8	수학	1~6학년	화, 목	1교시 14:15~14:55 2교시 15:00~15:40 3교시 15:45~16:25 (40분씩 운영)
9	중국어	1~6학년	화, 목	
10	융합과학	1~6학년	월, 수 (주1회 수강)	1교시 13:30~14:50 2교시 15:00~16:20 (80분씩 운영)
11	요리	1~6학년	월, 수 (주1회 수강)	

Q 75. 담임 교사에게 상담 전화를 해도 될까요?

학기 초에는 특히 이런저런 궁금증이 많이 생기기 마련입니다. 그중에서 **급하고 중요한 일이라고 생각한다면 담임 교사에게 상담을 요청해도 괜찮습니다.** 보호자가 걱정되거나 궁금한 점이 있을 때는 상담을 통해 소통하는 것이 중요합니다. 특히 아이가 적응하는 데 어려움이 있거나 특별히 신경 써야 할 부분이 있다면, 이를 교사와 미리 공유하고 함께 해결책을 찾는 것이 필요합니다.

혹시 너무 사소한 고민이라고 여겨지거나 간단한 내용 같다면 먼저 주변의 보호자나 선배 학부모에게 물어보는 것도 좋은 방법입니다. 또는 같은 동네 학교에 자녀를 보내 본 사람들이 많은 지역 맘 카페에 질문을 올려 비슷한 경험을 한 학부모들의 조언을 듣는 방법도 좋습니다.

교육과정 설명회, 학급 담임 교사와의 만남, 상담 주간, 수업 공

개와 같은 학부모 참여 행사에 적극적으로 참여해 주세요. 아이를 이해하고 담임 교사와 소통할 수 있는 기회입니다. 요즘은 학교폭력과 관련해 민감한 사안들이 발생하기도 합니다. 초등학교 1학년 때부터 아이가 피해자가 된 것 같다거나, 폭력 가해자가 되었다는 연락을 받을 수도 있습니다. 충분한 대화와 소통을 통해 해결되는 경우도 많고, 아이의 말만 듣고 오해하는 보호자도 많습니다. 보호자가 열린 마음으로 아이의 상황을 교사와 공유하면, 교사도 아이에게 필요한 지원을 하면서 원만하게 문제가 해결될 수 있습니다. 그래서 꼭 급한 일이 아니더라도, 아이의 생활에 관해 이야기 나누고 싶은 부분이 있다면 주저하지 말고 상담을 요청해 주세요. 다만, **상담이 가능한 시간이 있습니다. 교무실로 연락해 통화를 원한다는 메모를 남기거나, 상담을 신청해 주세요.** 상담하고 싶은 내용이 구체적인 경우, 미리 그 내용을 전달해 주세요. 이렇게 요청하면 교사가 관련 자료를 찾고, 학생을 관찰해서 더 좋은 상담 결과를 얻을 수 있을 것입니다.

끝으로, 보호자의 관심이 아이에게 큰 힘이 된다는 점을 기억하면 좋겠습니다. 학교와 가정이 함께 아이를 응원하면 아이는 더 자신감 있게 학교생활을 즐길 수 있을 것입니다.

학교 상담 주제 예시

구분	상담 요청 내용	구체적 상담 질문 사례
학습 및 교육 관련 사항	아이의 학습 진도와 성취도	"수학 기본 개념을 이해하지 못하는 것 같아서 걱정입니다. 현재 학습 이해도가 떨어지는 것 같은데, 집에서 어떤 도움을 줄 수 있을까요?"
	학습에 대한 관심과 태도	"우리 아이가 독서에 흥미를 보이지 않는데, 어떻게 하면 독서에 관심을 가지게 할 수 있을까요? 학교에서는 독서나 학습에 관심 있어 하나요?"
	학습 지원 및 추가 도움이 필요한 분야	"아이의 받아쓰기 성적이 떨어졌습니다. 어떤 부분에서 어려움을 겪고 있는지 파악하고 싶고, 가정에서 신경써야 할 일이 있을까요?"
사회적 상호 작용 및 행동	친구들과의 관계 및 사회성	"우리 아이가 친구들과 잘 어울리지 못하고 혼자 지내는 경우가 많습니다. 아이가 친구들과 잘 지낼 수 있도록 어떻게 도와주면 될까요?"
	교실 내 행동 문제나 갈등	"교실에서 자주 방해가 된다고 들었는데, 아이의 행동 문제를 어떻게 개선할 수 있을까요? 선생님께서 보시기에는 어떤 점을 노력해야 할 것 같나요?"

구분	상담 요청 내용	구체적 상담 질문 사례
사회적 상호 작용 및 행동	아이의 학교생활 적응 여부	"아이가 학교에서 무슨 일을 겪고 느끼는지 표현하지 않아요. 혹시 눈에 띄는 점이나 학교에 잘 적응하고 있는지 선생님께서 관찰하신 점에 대해 알려 주실 수 있을까요?"
학교생활 전반	일상적인 학교생활 및 일정	"학교에서의 일과가 어떻게 진행되는지 궁금합니다. 아이가 매일 학교에서 무엇을 하고, 어떤 일정을 따르는지 안내하는 자료가 있을까요?" * 학기 초 안내 자료, 교육과정 설명회 안내 자료 배부 예정
	학교 규칙과 규정에 대한 이해	"학급 규칙에 대한 이해가 부족해 보입니다. 특히 학교에서 어떤 규칙을 지켜야 하는지, 아이가 잘 이해하고 따르고 있는지 확인하고 싶습니다."
	아이의 건강과 안전 문제	"아이가 최근에 건강 문제가 있었는데, 학교에서 건강과 안전이 걱정됩니다. 이런 부분을 알고, 챙겨봐 주시면 좋겠어요."

Q 76. 초등학교 입학 때 꼭 필요한 물품은 무엇인가요?

적절한 용품을 준비하는 것은 아이의 학교생활 적응에 큰 도움이 됩니다. 공책, 연필, 지우개, 색연필 등 꼭 필요한 학용품이 있고, 가방과 실내화, 물병처럼 매일 필요한 물품도 있습니다. 하지만 **학교의 규정이나 학교 상황, 담임 교사의 성향에 따라 준비물이 다를 수 있으니 구체적인 안내를 받기 전에 모든 것을 준비할 필요는 없습니다.** 학교에서 요구하는 사항이 있다면 그에 맞춰 준비해 주세요. 특히 가방은 사 주는 어른들의 취향보다는 아이의 체형에 맞는 것으로 준비하는 게 좋습니다.

입학 전에 준비물을 체크하면서 아이와 함께 물건을 준비해 보세요. 이 과정에서 자기의 이름을 준비물에 적게 하거나, 이름 스티커를 붙이게 하면서 학교생활을 기대하고, 물건의 소중함을 느끼게 해 주세요. 입학 후 학교생활도 훨씬 순조롭게 시작할 수 있을 거예요.

준비물 체크리스트

필수 준비물

- ☐ 책가방
- ☐ 실내화, 실내화 가방
- ☐ 기본 필기구(필통, 연필, 지우개)
- ☐ 이름 스티커 (미리 개인 물건에 붙이기)
- ☐ 양치 도구 (치약, 칫솔, 양치 컵)
- ☐ 휴지, 물티슈
- ☐ 개인 물통

학교마다 달라요 (안내를 받은 후 준비해요)

- ☐ 알림장, 받아쓰기 공책
- ☐ 네임펜, 빨간색 펜, 자
- ☐ 색연필, 사인펜
- ☐ 가위, 딱풀
- ☐ A4 클리어 파일 또는 바인더
- ☐ 투명 L자 파일
- ☐ 여벌 옷

에필로그
유치원, 못다 한 이야기

어린이집과 유치원의 차이

비슷한 것 같기도 하고 다르기도 한 것 같은 어린이집과 유치원. 겉보기에는 큰 차이가 없지만, 가장 큰 차이는 각 기관의 재원 연령입니다. 어린이집은 0~5세, 유치원은 3~5세를 대상으로 합니다. 여기에서 우리를 헷갈리게 하는 포인트는 아무래도 만 3~5세 아이들이 어린이집과 유치원 둘 중 하나를 선택해 다닐 수 있다는 점입니다. 그런데 이 둘은 생각보다 여러 가지 차이점을 가지고 있습니다. 각 기관의 목적과 출발점이 다르기 때문이지요.

어린이집은 '사회복지기관'입니다. 만 0~2세 영아와 만 3~5세 유아들의 보육을 위해 시작됐지요. 한편, 유치원은 '학교'입니다. 만 3~5세 유아 교육을 위해 세워졌고, 교육기본법과 유아교육법을 따르는 유아 학교지요. 그래서 하루 일과 중 아이를 먹이고 재우는 보육에 중점을 둔 영아반이 유치원에 없습니다.

이런 상황에서 만 3~5세 유아는 어린이집과 유치원 중 선택하여 다닐 수 있다 보니, 두 기관의 교육 활동 내용의 격차를 줄이고자 국가에서는 교육과정과 보육과정을 통합했습니다. 이 통합과정의 이름이 간혹 교재 소개나 정부 뉴스에서 듣곤 하는 '개정누리과정'입니다. 과거에 어린이집은 표준보육과정을, 유치원은 유치원교육과정을 적용해 교육 내용이 달랐는데, 현재는 개정누리과정을 공통적으로 적용하고 있습니다.

아이들을 가르치는 교사들의 자격 요건도 다릅니다. 어린이집 교사는 일반대, 전문대학 등 아동학 관련학과 졸업을 통해 취득할 수 있는 보육교사 자격이 필요하고, 유치원 교사는 사범대, 일반대 유아교육과 졸업을 통해 취득할 수 있는 유치원정교사 자격이 필요합니다. 보육교사자격증만 있으면 유치원에서 근무할 수 없고, 유치원정교사 자격증만 있으면 어린이집에서 근무할 수 없습니다. 물론 두 자격증을 모두 가지고 각 기관에서 일하는 교사들도 있습니다. 유보통합 실행계획 이전까지 어린이집은 보건복지부 소속, 유치원은 교육부 소속이어서 행정 체계가 달라 운영상의 차이점도 많았습니다. 하지만 지금은 어린이집과 유치원의 통합이라는 유보통합 실행계획에 따라 어린이집의 소속이 교육부로 이관되어 통합의 수순을 걷고 있으나 여전히 현장에서는 반대의 목소리도 높습니다.

국공립 유치원과 사립유치원의 차이

국공립유치원과 사립유치원은 여러 교육기관이 그렇듯, 누가 설립하고 경영하느냐에 따른 분류입니다. 국립유치원은 나라가, 공립유치원은 시군구 지방자치단체가, 사립유치원은 법인이나 개인이 설립하고 경영합니다. 국립유치원은 전국에 딱 세 곳이 있습니다. 한국교원대학교부설유치원, 강릉원주대학교, 공주대학교사범대 부설유치원입니다.

반면 공립유치원은 우리 동네 초등학교에서 종종 그 이름을 볼 수 있습니다. '○○초등학교 병설유치원', '△△△단설유치원'이라는 이름으로 쉽게 찾아볼 수 있지요. 병설유치원은 초·중·고등학교에 병설되어 운영되는데, 아무래도 초등학교 병설유치원이 많습니다. 이러한 국공립유치원을 제외한 유치원은 대부분 사립유치원이라고 보면 됩니다.

병설유치원은 초등학교 내에 있어 운동장이나 건물, 시설을 같이 쓰고 행사를 함께 하기도 합니다. 그렇다보니 초등학교와 마치 주말에 하루씩 엄마와 아빠가 시간을 나눠 놀아 주면 적당히 지치지 않고 아이를 볼 수 있는 것처럼, 두 명의 교사가 있다면 각자의 에너지와 역량을 최대한 펼칠 수 있지 않을까요? 어느새 유치원에서는 방과후 과정이 거의 필수가 되었지만 유치원 교육과정 시간은 원래 하루 4~5시간입니다. 초등학교에서는 1학년이 오전수업을 마치고 하교 후 방과후 교실로 가는 시스템이죠? 유치원도 마찬가지로 교육과정반 수업을 듣고 방과후 수업을 듣는 동일한 시스템이지만, 유아들이 교실을 옮겨 다니는 것이 아니라 교사가 교대한다는 점이 다릅니다. 8시간 일과를 모두 한 교사가 운영하는 것이 원칙이라고 오해하시는 분들이 계신 것 같아 예시를 들어 보았습니다.

그러면 교육현장에서는 어떻게 생각할까요? 유치원 교사에게는 유아를 교육하는 일 이외에도 수업자료 제작, 행정 업무, 유아 평가 작성, 행사 기획 등 무수한 업무들이 있습니다. 교사들이 수업을 연구하고 유아에 대한 관찰기록과 평가 등의 시간을 통해 양질의 교육을 하려면 교사들의 수업연구 시간이 보장되어야겠지요? 그렇기에 한 학급의 교사 수가 많을수록 업무가 세분화될 테니 교사 개인의 복지와 업무 만족도가 올라갈 뿐 아니라, 유아들에게도 좋은 영향을 미칠 수 있습니다.

유치원 교사의 명칭과 역할

원장	유치원 운영의 전반을 총괄하고 관리하며 최종 결정 권한이 있습니다.
원감	실무 및 행정을 총괄하고 관리합니다.
교사	교육과정반 교사와 방과후 과정반 교사로 나뉩니다. 기관에 따라 교육과정과 방과후 과정을 교사 한 명이 모두 담당하기도 합니다.
수석 교사	수업 연구 및 지원을 위해 일하는 교사입니다. 공립유치원에 있는 보직으로 학급 수가 많은 단설유치원에 근무합니다. 지역별로 단설유치원 한두 곳에만 근무하고 있습니다.
특성화 강사	외부 기관에서 출강을 오는 강사입니다. 오후 시간에 특별 활동(체육, 코딩, 미술 등)을 위해 방문 수업을 합니다.
동승보호자	유아들과 함께 셔틀 버스 등 유치원이 운영하는 차에 탑승하여 안전한 등하원을 위해 일하는 분입니다. 사립 유치원의 경우, 교사가 이 업무를 담당하기도 합니다.

유치원 정원

유치원은 어린이집과 마찬가지로 안전과 효율성을 생각해 한 반에 정해진 원생과 교사 수의 비율을 따릅니다. **정원의 기준은 각 시·도 교육청에서 정한 교사와 유아의 비율에 따라 결정됩니다.**

교사와 아이들의 비율은 법적으로 정해져 있지만 인구가 많은 대도시의 유치원들은 과밀학급으로 운영에 어려움을 겪고 있습니다. 한 명의 교사가 많은 유아들을 맡다 보니 다양한 상황을 지원하는 데 손이 부족하기도 하죠. 이러한 문제는 현장에서 지속적으로 논의되고 있어요. 앞으로 비율을 조정해나가며 우리 아이들에게 더 나은 쾌적한 환경 제공 노력이 더욱 필요하답니다. 보호자들도 함께 목소리 높여 주세요.

2024년 기준 교사 대 재원생의 비율

	3세	4세	5세
가장 높은 기준(▲)	1:24	1:26	1:28
가장 낮은 기준(▼)	1:12	1:16	1:18

참고 자료: 각 시·도교육청 자료
* 학급편성지침에 따라 변동사항 있을 수 있음

학기 중에 유아 정원을 확인하고 싶다면 유보통합포털(https://enter.childinfo.go.kr)에서 확인해 보세요!

유치원, 무엇이든 물어보세요

초판 1쇄 발행 2025년 11월 17일
초판 2쇄 발행 2026년 1월 27일

글 교사크리에이터협회 유아교육팀
펴낸이 김명희　**편집장** 이은희　**책임 편집** 김미한　**디자인** 씨오디　**마케팅** 노수아

펴낸곳 다봄　**등록** 2011년 6월 15일 제2021-000136호
주소 서울시 마포구 토정로 222 한국출판콘텐츠센터 305호
전화 02-446-0120　**팩스** 0303-0948-0120
전자우편 dabombook@hanmail.net　**인스타그램** @dabom_books

ISBN 979-11-94148-44-9　03370

ⓒ 오은진, 금선우, 박진옥, 송만복, 이다은, 김예슬,
　김초롱, 박밝음, 오정옥, 최진선, 이보람, 김희정 2025

* 다봄교육은 출판사 다봄의 교육 도서 브랜드입니다.
* 이 책은 저작권법에 따라 한국에서 보호받는 저작물로 무단전재와 복제를 금지합니다.
　이 책 내용의 전부 또는 일부를 이용하려면 반드시 저작권자와 다봄의 허락을 받아야 합니다.
* 책값은 뒤표지에 있습니다.　* 잘못 만든 책은 구입하신 곳에서 교환해 드립니다.